W0194029

Das
BURGER-
Kochbuch

Barbara Kunze · Jan Bahr

Das
BURGER-
Kochbuch

So geht's, so schmeckt's!

Inhalt

Liebe Burgerfreunde!

Ein Burger – für viele nur ein Stück Fleisch zwischen zwei Brotscheiben. Ein schneller Imbiss, den man notfalls auch im Gehen verschlingen kann. Unkompliziert, nichts Besonderes, perfekt um lästiges Magenknurren für kurze Zeit zum Schweigen zu bringen. Doch die Wahrheit ist: Ein Burger kann so viel mehr sein!

Was uns diverse Fast-Food-Ketten als Burger verkaufen, lässt noch sehr viel Spielraum bis zum Optimalergebnis: So unser Gedanke, als wir vor ein paar Jahren in einer italienischen Fleischerei standen, um die Hauptzutat für unseren ersten gemeinsam zubereiteten Burger zu erstehen.

Aber alles der Reihe nach: Wir, das sind Barbara Kunze aus Österreich und Jan Bahr aus Deutschland. Kennengelernt haben wir uns im italienischen Colorno, an der ersten Universität, die ganz dem guten Geschmack gewidmet ist. Ein Jahr lang bot uns die vom Verein „Slow Food" gegründete Universität für gastronomische Wissenschaften in einer winzigen Stadt der Emilia Romagna ein Zuhause. Uns, und weiteren 21 Studenten aus insgesamt elf verschiedenen Ländern. Und wenn gutes Essen schon auf dem Stundenplan einer Universität steht, dann wird natürlich auch nach den Vorlesungen gemeinsam gekocht und gegessen – vorzugsweise die jeweiligen Landesspezialitäten der Studenten. Unsere Freunde aus den USA trauten sich allerdings nicht so recht an ihr vermeintliches Nationalgericht, den Burger, heran. Aber nur weil Amerikaner gerne Burger essen, sind sie ja nicht zwingend die einzigen, die einen solchen zubereiten können. Und wenn wir ganz genau sind, ist der Burger auch nicht in den USA erfunden worden. Aber dazu an anderer Stelle mehr.

Wir bestellten also ein großes Stück Rindfleisch, ließen es an Ort und Stelle durch den Fleischwolf drehen und machten uns auf, eine hungrige Meute satt zu bekommen. Bevor es los ging, bekamen wir noch wertvolle Tipps von unseren amerikanischen Kollegen. Ergebnis dieses Abends war ein rosa gebratener, saftiger Burger mit leicht geschmolzenem Gorgonzola-Käse, gebratenen Champignons, Radicchio und mildem Sahnemeerrettich. Burgerherz, was willst du mehr? Naja, vielleicht einen Burger aus Lamm-, Wildschwein- oder Straußenfleisch, liebevoll zubereitet mit all den Köstlichkeiten, die Käsefachgeschäft und Gemüsestand um's Eck zur Verfügung stellen. Aus unzähligen Kochabenden mit Freunden wurde schließlich die Speisekarte für ein Restaurant, das sich ganz der kreativen Burgerküche verschrieben hat. Als „die burgermacher" bereiteten wir fortan Burger zu, ohne unsere kulinarischen Wurzeln und Werte zu vergessen. Mit lokalen und saisonalen Zutaten sowie einer großen Portion „selbst gemacht" wird das Symbol der Fast-Food-Generation, der Burger, zum Vermittler der Slow-Food-Ideologie.

Damit auch du keine Ausreden mehr hast, selbst gute Burger für dich und deine Freunde zuzubereiten, haben wir all unsere Burger-Erfahrungen in diesem Buch zusammengefasst. Wir hoffen, dich damit zu inspirieren. Betrachte unsere Rezepte als Basis, experimentiere selbst und genieße die bunte Welt der Burger.

PS.: Das Rezept für den besagten Gorgonzola-Burger darf in unserem Buch natürlich nicht fehlen. Du findest es auf Seite 46.

Jan & Babsi

BURGER-WISSEN

Der Burger als kulinarisches Chamäleon: Warum er seinen Namen trägt, wer ihn erfunden hat und vor allem – weshalb er so gut schmeckt!

Hamburger Jung

Dass ein Burger, genauer gesagt ein Hamburger, irgendetwas mit der deutschen Hansestadt zu tun hat, leuchtet ein. Ab hier wird die Geschichte des Burgers allerdings etwas undurchsichtiger. Zahlreiche Restaurants in den USA rühmen sich als Erfinder des Burgers. Und ganz zweifelsohne haben die Amerikaner die Burgerkultur wesentlich vorangetrieben. Doch wer nun wann und zum ersten Mal einen Burger zubereitet hat, hängt letztlich davon ab, wie genau es um die Definition desselben bestellt ist. Die entscheidende Frage lautet: Wann ist ein Burger ein Burger? Muss es gegrilltes Hackfleisch sein, das zwischen zwei Brötchenhälften eingebettet ist? Darf es auch Toast sein oder muss das Brot ausgerechnet süß schmecken und mit Sesam bestreut sein? Muss der Burger mit Tomaten, Zwiebeln, Salat und Käse belegt sein oder machen gar erst die richtigen Soßen einen Burger zum Burger?

Als unbestritten gilt immerhin, dass bereits vor Mitte des 19. Jahrhunderts gebratene Laibchen aus Hackfleisch ein weit verbreitetes Gericht in der Gegend um Hamburg war.

In einem der wichtigsten Werke der abendländischen Kochkultur, dem „Guide Culinaire", beschreibt Kochlegende Auguste Escoffier, wie man mit einem Hamburger Beefsteak zu verfahren hat:

Beefsteak à la Hambourgeoise:

Im rohen Zustand fein hacken und ein halbes rohes Ei, 20 g fein gehackte, in Butter angeschwitzte Zwiebeln, Salz, Pfeffer und Muskat hinzufügen. Die Form wieder herstellen, leicht in Mehl wenden und in geklärter Butter sautieren. Es ist fertig, wenn das Blut auf der Oberfläche der umgedrehten Seite zu perlen anfängt. Beim Anrichten 50 g gehackte, in Butter gebratene Zwiebeln darüber geben.

Das Werk erschien freilich erst im Jahr 1903, als das deutsche Rezept längst in Übersee Fuß gefasst hatte. Die Urform des Hamburgers dürfte sich also aller Wahrscheinlichkeit nach im Gepäck deutscher Matrosen in Richtung Vereinigte Staaten aufgemacht haben. Ab Mitte des 19. Jahrhunderts stachen in der Hansestadt Hamburg regelmäßig Schiffe mit dem Ziel Nordamerika in See. Wer zuerst auf die praktische Idee kam, das Stück Hackfleisch zwischen zwei Brothälften zu klemmen, kann nicht mit Gewissheit bestimmt werden. Davon abgesehen war das Sandwich ja schon 1762 von dem Briten John Montagu, dem vierten Earl of Sandwich, erfunden worden. Das Prinzip, Fleisch in Brot zu kredenzen, war also kein unbekanntes. Somit ist das Servieren eines Hackfleischlaibchens in einem Brötchen dann wohl doch nicht die bahnbrechende Innovation, für die sie manch vermeintlicher „Urheber" erklären möchte. Aber letztlich ist es auch egal, welche Flagge in einem Burger steckt. Die Hauptsache ist, dass er schmeckt!

Rot oder rosa, das ist hier die Frage!

Geschmäcker sind bekanntlich verschieden. Genau darauf basiert auch das Erfolgsgeheimnis des Burgers. Er ist ein kulinarisches Chamäleon und lässt sich problemlos an individuelle Vorlieben anpassen. Doch was zeichnet einen guten Burger tatsächlich aus? Ganz einfach gesagt besteht ein Burger aus einem Patty und einem Bun. Als Patty bezeichnet man das, was man in Österreich am ehesten mit „Fleischlaberl" und in Deutschland mit „Frikadelle" oder „Bulette" übersetzen würde. Die Bayern kennen das Laibchen aus gehacktem Fleisch als „Fleischpflanzerl". Ganz klassisch besteht ein Burgerpatty aus Rinderhackfleisch, das mehr oder weniger gewürzt zu einem Laibchen geformt und dann gebraten oder gegrillt wird. Sobald man Fleisch brät, stellt sich immer die Frage nach der Garstufe. Das heißt, bis zu welchem Grad soll, oder darf das Fleisch durchgegart werden? Bei hochwertigem, frischem Hackfleisch

aus Rind, Kalb oder Lamm kann man den Aspekt der Gesundheit getrost außer Acht lassen, sofern man nicht schwanger ist oder einer Risikogruppe angehört. Die Herausforderung besteht vielmehr darin, ein geeignetes Mittelmaß zwischen Saftigkeit und Röstaromen zu finden. Grundsätzlich gilt: Je roher das Patty im Inneren noch ist, desto saftiger und „fleischiger" schmeckt es.

Andererseits möchte man natürlich keinesfalls die herzhafte Kruste missen, die dann entsteht, wenn hohe Hitze die Zucker- und Eiweißmoleküle im Fleisch chemisch reagieren lässt. Dieser Prozess wird „Maillard-Reaktion" genannt.

Die beste Möglichkeit, ein saftiges und zugleich aromatisches Patty zuzubereiten, ist zweifelsfrei auf dem heißen Grill. Dabei sollte man das Fleisch möglichst selten wenden und keinesfalls während des Bratens drücken. Zwischendurch kann man mit einem Fleischthermometer die Kerntemperatur und somit die Garstufe bestimmen.

Hierfür gelten die folgenden Richtwerte:

Very rare (stark blutig):	46 °C – 51 °C
Rare (blutig):	51 °C – 54 °C
Medium rare (rosa):	54 °C – 60 °C
Medium (halbdurch):	60 °C – 65 °C
Medium well (durch):	65 °C – 73 °C
Well done (gut durch):	73 °C – 85 °C

Fleisch gart allerdings auch dann noch weiter, wenn es den Grill bereits verlassen hat. Es ist daher eine reine Übungssache, das Patty zum richtigen Zeitpunkt von der Hitze zu nehmen. Wann dieser gekommen ist, entscheidet allein der jeweilige persönliche Geschmack. Ein guter Einstieg ist ein medium gebratener Burger, dessen Saftigkeit schon manchen „Bitte-gut-durch!"-Esser bekehrt hat. Ist kein Thermometer zur Hand, kann man diese Garstufe gut am rosa gefärbten Fleischsaft erkennen, der dann an der Oberfläche des Patties austritt.

Wer den Geschmack von Fleisch noch intensiver erleben möchte, wird sein Patty „rare" bevorzugen. Dann wird der Unterschied zu einem „gewöhnlichen" Burger erst so richtig deutlich. Doch auch wer sich für gut durchgebratenes Fleisch entscheidet, muss es mit der Hitze nicht übertreiben. Ab etwa 73 °C ist der austretende Fleischsaft klar und der Burger durch – ohne trocken zu sein.

Nieder mit den Luftbrötchen

Der zweite Hauptbestandteil eines Burgers ist das Bun. Wer an Burger-Brötchen denkt, dem kommen wahrscheinlich zuerst die süßen, luftigen Buns mit exakt platzierten Sesamkörnern in den Sinn. Ja genau, das ist das Brot das spätestens nach dem zweiten Biss in den Burger zu bröckeln beginnt und allmählich ein Chaos aus Tomaten, Salat und Fleischstücken auf dem Teller erzeugt. Ein solches „Luft-

brötchen" besteht zu einem Großteil aus Zucker und hat viel dazu beigetragen, dass der Burger als minderwertige Nahrungsoption der heutigen Fast-Food-Gesellschaft gilt. Denn das süße Bun hat einen nicht unwesentlichen Anteil am Gesamtkaloriengehalt eines Burgers – bei relativ geringer Geschmacksintensität. Möglich, dass für manche Burgerfans das Brot nur dazu da ist, um sich am heißen Fleisch-Patty nicht die Pfoten zu verbrennen. Da ist es nicht weiter tragisch, wenn der Brotteig bei der kleinsten Berührung einsinkt, weil er nur aus Luft, Zucker und ein paar Konservierungsmitteln besteht. Doch es geht auch anders. Ein Bun darf durchaus nach Brot schmecken. Zwei Dinge sind bei der Wahl des Brötchens zu beachten: Erstens darf die Krume nicht zu kompakt, die Brotkruste nicht zu hart sein. Sonst wird es eine ziemlich schwierige Angelegenheit, herzhaft in den Burger zu beißen und dabei alle Zähne zu behalten. Zweitens muss sich die Schnittfläche des Brotes gut toasten lassen. Durch die entstandene Kruste saugt

sich das Brot nicht so schnell mit den Soßen voll. Wer beim Bäcker die Augen offen hält, entdeckt mit etwas Fantasie viele burgertaugliche Brote: Olivenciabatta, Fladenbrot, Wachauer Laibchen,… Für Gesundheitsbewusste sind Vollkornbrötchen zu empfehlen – auch wenn man in Amerika wahrscheinlich böse Blicke ob dieser Freveltat ernten würde. Doch solange man sich nicht damit rühmt „original" amerikanische Burger zu braten, ist alles erlaubt! Und wer sein Burgerbrot doch lieber richtig süß genießt, backt ein Brioche aus Hefeteig.

Ein Burger für alle Sinne

Apropos süß. Einer der Gründe warum ein Burger den Geschmack so vieler Menschen trifft, ist, dass er viele Geschmacksrichtungen in sich vereint. Bisher sind fünf Geschmacksrezeptoren wissenschaftlich anerkannt: süß, sauer, salzig, bitter und umami.

Umami ist Japanisch und beschreibt eine wohlschmeckende und herzhafte Sinneswahrnehmung auf der Zunge. Auch die Konsistenz einer Speise hat einen wesentlichen Einfluss auf unser Geschmacksempfinden. In all diesen Aspekten hat der Burger einiges zu bieten. Herzhaftes Fleisch, süßes, weiches Brot, salziger, cremiger Käse, saure Soßen, bitterer, knackiger Salat – ein Biss in einen Burger ist ein Feuerwerk für den Gaumen! Aber nicht nur geschmacklich ist der Burger überaus vielfältig. Ein selbst gemachtes Exemplar mit frischen Zutaten enthält reichlich Eiweiß, Kohlenhydrate, Vitamine und – ja, das gibt's – gesundes Fett. Kurz: Ein Burger kann den Anforderungen an eine „ausgewogene Mahlzeit" durchaus gerecht werden. Natürlich stimmt das Endergebnis nur dann, wenn man qualitativ hochwertige Zutaten verwendet. Denn diese beeinflussen sowohl den Geschmack als auch den Preis. Und fast nirgendwo ist die Spannweite größer als bei einem Burger. Ein Luftbrot mit millimeterdünner Fleischauflage und

zwei Spritzern Soße für einen Euro nennt sich genauso „Burger" wie die 175 Dollar Luxusversion mit Wagyu Rind, Foie Gras, verschwenderisch gehobelter Trüffel und Blattgold obenauf. Beide Varianten sind keine Anwärter auf den besten Burger aller Zeiten, doch was zeichnet ein richtig gutes Exemplar aus? Egal für welches Fleisch, Brot, Gemüse oder welche Soße du dich entscheidest, die einzelnen Zutaten sollte man immer herausschmecken können – und zwar ohne Geschmacksverstärker und zugesetzte Aromen. Die meisten „Fertigsoßen" scheiden als Ingredienz also schon einmal aus. Die Zutatenliste auf einem Glas Senf oder auf einer Flasche Ketchup gibt dir bereits auf den ersten Blick eine eindeutige Auskunft: Je kürzer die Liste, desto eher hältst du ein Produkt in Händen, das einem Lebensmittel im herkömmlichen Sinn gleicht. Finden sich allerdings Konservierungsmittel, natürliches oder künstliches Aroma, Hefeextrakt, Natriumglutamat oder gar vollkommen unaussprechliche Worte auf diesem „Bei-

packzettel", lass lieber die Finger von dem Produkt. Es ist sicher aufwändiger, Ketchup und Mayonnaise selbst herzustellen als eine Tube aufzuschrauben, aber es ist auch keine Hexerei.

Selbst machen lautet die Devise

Im deutschsprachigen Raum steht die hauseigene Burgerzubereitung nicht gerade auf der Tagesordnung. Häufig hemmt die genaue Einschätzung des eigentlichen Aufwandes. Nicht jeder hat einen Fleischwolf zu Hause. Und im Alltag muss man sich seine Brötchen eben verdienen, anstatt sie selbst zu backen. Doch eigentlich ist ein selbst gemachter Burger eine recht unkomplizierte Sache.
Für einen Fleischliebhaber ist ein vertrauenswürdiger Fleischer ohnehin unabdingbar. Hat man am Wochenende Zeit oder Gäste oder beides, lässt man sich von ihm ein schönes Stück Fleisch empfehlen, das

er frisch durch den Fleischwolf dreht. Nach einem kleinen Abstecher ins Käsefachgeschäft und zum Bäcker geht's weiter auf den Gemüsemarkt. Am besten frischen Mutes kaufen, was gerade Saison hat und einen anlacht. Man kann sich auch schon für das nächste Ma(h)l inspirieren lassen. Zuhause wird das Hackfleisch nur noch gewürzt und in Form gebracht, die eine oder andere Soße angerührt oder gekocht (vielleicht ist auch noch selbst gemachtes Ketchup vom letzten Burgeressen übrig) und das Gemüse gewaschen und geschnitten. Dann kann's auch schon losgehen! Das Fleisch wird gebraten, die Soßen verfeinert, und am Ende wird alles liebevoll ins Brot geschichtet – Dem puren Burgergenuss steht nichts mehr im Wege. Oder doch? Da wartet ein duftender, verlockender Burger auf dem Teller und schreit geradezu „Iss mich!" Doch wer wagt es in Gegenwart anderer schon so recht, den Mund weit aufzureißen und hemmungslos zuzubeißen? Da erblickt man im Augenwinkel ein scharfes Messer und einen Augenblick lang ist man geneigt, den Burger in mundgerechte Bissen zu schneiden. Nur – dann hat man schon verloren…

Hände weg vom Messer

Menschen beim Burgeressen zu beobachten ist immer ein Erlebnis. Jeder hat seine individuelle Art. Je nach Alter und Begleitung wird mehr oder weniger beherzt in einen Burger gebissen. Der eine verspeist erst zaghaft Bissen für Bissen die obere Brothälfte und rückt dem Rest dann mit Messer und Gabel zu Leibe. Eine Vorgangsweise, die auf jeden Fall weniger zum Scheitern verurteilt ist als der Versuch, von einem ganzen Burger kleine Stücke abzuschneiden. Bewährt hat sich der gerade Schnitt quer durch den Burger. Eine Burgerhälfte liegt eben doch bequemer in der Hand als ein ganzer Burger. Wer einen Burger richtig souverän verspeisen möchte, muss jedoch

wohl oder übel mit beiden Händen (oder einer einzigen, aber dafür muss entweder der Burger sehr klein oder die Hand immens groß sein) fest zupacken können. Kommt der Burger auf den Tisch, werden die Ärmel hochgekrempelt, das Objekt der Begierde mit der flachen Hand zusammengedrückt und mit forschem Griff fest umklammert. Mund auf, Augen zu, reinbeißen und genießen. Die Soße, die unweigerlich aus dem Burger auf den Teller tropft, darf man mit dem letzten Burgerstück (oder dazu servierten Pommes) auftunken. Die Serviette kommt erst jetzt zum Einsatz. Ein Burger darf durch eine herumgewickelte Serviette nicht verunstaltet werden. Außer der Genießer ist ein Kleinkind mit winzigen Händen und die Mama hat an diesem Tag bereits die dritte Wäscheladung hinter sich gebracht. Machen wir uns nichts vor – ein Burger ist weder die richtige Mahlzeit für eine romantische erste Verabredung noch für ein seriöses Geschäftsessen. Einen Burger isst man am besten mit der Hand, ein Burger tropft beim Reinbeißen, nach

einem Burger ist erst mal Händewaschen angesagt. Ein Burger ist weder schick, noch zwingend amerikanisch. Ein Burger ist ein ehrliches, schnörkelloses Essen. Ein Burger kann kreativ sein, eine vollwertige Mahlzeit, Slow Food statt Fast Food. Ein Burger kann all das sein, was du dir von ihm wünschst. Willkommen in der Welt der selbst gemachten Burger!

BURGER-ZUTATEN

Die Urform des Burgers besteht aus Brot und Fleisch. Daneben gibt es Hunderte Zutaten, die ihn geschmacklich verfeinern können. Verschiedene Fleischsorten, Gewürze, Käse und Gemüse machen deinen Burger zum individuellen Genuss.

☆ Burger-Fleisch ☆

Die Fleischqualität ist der Dreh- und Angelpunkt eines jeden Burgers. Konsistenz und Fettgehalt (mindestens zehn Prozent) müssen einfach stimmen. Das Filetstück ist zwar die teuerste, aber nicht unbedingt die beste Wahl. Man muss sich auch nicht auf Rindfleisch versteifen. Was wäre das Leben ohne kulinarische Experimente?

Rind / Klassisch und gut. Es kommen mehrere Teilstücke für Burger infrage. Bestens geeignet sind Nacken- und Schulterpartien, ihr Fleisch ist besonders geschmacksintensiv und relativ fettig. Man kann es daher zu gleichen Teilen mit mageren Stücken, wie etwa dem Brustkern, mischen. Natürlich können auch Steak-Zuschnitte zu einem Burger verarbeitet werden, sie sind jedoch teurer und schmecken weniger „fleischig".

Kalb / Kalbfleisch ist sehr viel zarter als Rindfleisch, dafür geschmacklich auch zurückhaltender. Da es generell einen geringeren Fettanteil aufweist, darf man ruhig zu den fetteren Stücken greifen. Für Burger eignen sich Schulter und Nacken besonders gut. Sie sind schön marmoriert und bleiben beim Braten saftig. Kalbfleisch schmeckt am besten medium gegart.

Schwein / Hier sollte man besonders auf die Herkunft achten. Zu schnell gemästete Schweine lagern viel Wasser im Gewebe ein. Da dieses beim Braten austritt, wird die Fleischkonsistenz trocken und zäh. Wer kein gutes Schweinefleisch – am besten direkt vom Bauern – bekommt, sollte besser auf andere Fleischsorten ausweichen. Harte, aber ehrliche Worte! Am besten schmeckt ein Burger aus der Schweineschulter.

Lamm / Lammfleisch scheidet die Geister. Dabei stört viele Menschen nur der penetrante Geruch nach Schaf. Dieser tritt allerdings nur auf, wenn das Tier zum Zeitpunkt der Schlachtung schon älter, also eigentlich eher ein Hammel als ein Lamm war. Lammfleisch ist relativ fettig, vor allem das Fleisch von Schulter und Hals. Das macht den Burger ungemein zart, aber man kann auf weitere „fette" Zutaten verzichten.

Wildschwein / Das Wildschein lebt, wie der Name schon sagt, wild und wächst auch so auf. Daher sollte es unbedingt durchgebraten werden, um etwaige Keime und Parasiten abzutöten. Die Tiere dürfen zwar das ganze Jahr über gejagt werden, dennoch lohnen sich gute Beziehungen zu einem Jäger. Außerhalb der Wildsaison in Herbst und Winter ist Wildschwein kaum frisch zu bekommen, sondern wird tief-gefroren angeboten. Das Fleisch ist dunkelbraun in der Farbe und schmeckt kräftig-aromatisch.

Pute / Putenfleisch schmeckt am Stück viel besser als gehackt. Das Putenfleisch daher als Schnitzel aus der Brust schneiden und erst kurz vor dem Zubereiten salzen, da es sonst schnell trocken wird. In einer Marinade aus Öl und Kräutern eingelegt, wird es gebraten oder – noch viel besser – gegrillt besonders schmackhaft. Auch wenn Geflügel-fleisch stets durchgegart werden sollte, bitte nicht komplett „tot" und saftlos braten!

Strauß / Der Riesenvogel hat's gern schnell und läuft mit bis zu 70 km/h durch die Gegend. Dementsprechend mager ist sein Fleisch, das sich vor allem an seinen überdimensionalen Schenkeln befindet. Damit der Burger aus Straußenfleisch nicht zu trocken wird, am besten etwas Straußenspeck hinzufügen. Wer das nicht bekommt, weicht auf Rückenspeck vom Schwein aus. Keinesfalls durch braten, Straußen-fleisch wird schnell zäh.

Pferd / Pferdefleisch aus Massentierhaltung gibt es hierzulande nicht, da Pferde nicht zum Verzehr gezüchtet werden. Wer etwaige Hemmun-gen über Bord wirft, genießt daher gesundes, mageres und feinfaseri-ges Fleisch. Es hat einen angenehmen Biss und liegt geschmacklich zwischen Rind und Wild. Am besten eignen sich Vorderes, Schulter und Keule von Jungtieren.

TIPP

Bei entsprechender Ausstattung der heimischen Küche (Fleischwolf) sollte man sein Fleisch selbst mit einer mittelgroben Lochscheibe von etwa 5 Millimetern Durchmesser zerkleinern. Das Fleisch dabei nie zu stark drücken! Die fetteren Teile ein zweites Mal durch den Fleischwolf drehen, so verteilt sich das Fett besser in der Masse. Hackfleisch muss unbedingt noch am selben Tag verbraucht werden!

✪ Burger-Gewürze ✪

Über die Würzung der Fleischmasse für Patties können wahre Burgerfans abendfüllend diskutieren. Wie bei jeder lukullischen Fragestellung gilt grundsätzlich: Erlaubt ist, was schmeckt. Puristen beschränken sich auf eine Prise Salz und Pfeffer. Freunde von mehr Würze im Leben greifen auf Senf und Zwiebeln zurück. Und wer es gerne luftig und locker hat, mischt etwas Paniermehl und Ei unter die Fleischmasse. Die Experimentellen lassen schließlich jegliche Hemmungen fallen und würzen mit allem, was Kräutertopf und Gewürz-regal hergeben.

Senf / Gegrilltes Fleisch und Senf gehören einfach zusammen. Als Allrounder gilt der mittelscharfe Tafelsenf. Intensiv schmeckendes Fleisch darf aber auch gern mit scharfem Dijon-Senf gewürzt werden, der traditionell mit dem Most unreifer Trauben angerührt wird. Wer gerne experimentiert, probiert Estragonsenf, französischen Moutarde au poivre vert mit grünen Pfefferkörnern oder Moutarde Brune aus schwarzer Senfsaat und einer speziellen Kräutermischung.

Ei / Eigelb verleiht dem Patty mehr Bindung und hält es beim Braten saftig. Ei und Paniermehl sind ein kongeniales Duo und gehören immer zusammen in den Burger.

Kapern / Die eingelegten, noch geschlossenen Blütenknospen des Kapernstrauches verleihen dem Fleischpatty eine besondere Würze. Je kleiner die Kapern sind, desto feiner schmecken sie. Für Burger eignen sich am besten in Essig eingelegte, fein gehackte Kapern.

Rosmarin / Der Mittelmeer-Strauch ist zum unverzichtbaren Bestand-teil würziger Fleischküche geworden. Das intensive, leicht harzige Aro-ma passt hervorragend zu Rind und Lamm. Wird frischer Rosmarin verwendet, sollten die Nadeln möglichst klein gehackt werden.

Koriandersamen / Die kugelrunden Samen des Korianders sollten nach Möglichkeit kurz angeröstet und erst unmittelbar vor Gebrauch frisch gemahlen werden. Das süßlich scharfe Aroma ist mit jenem von Koriandergrün nicht vergleichbar – auch „Koriander-Hasser" sollten daher einen Versuch wagen.

Paniermehl / Wenn das Hackfleisch aufgrund eines zu hohen Fett- oder Wassergehaltes nicht richtig bindet, verhilft Paniermehl zur richtigen Konsistenz. Wird zusätzlich Eigelb verwendet, erhält man besonders luftige Patties.

Thymian / Thymian hat ein sehr intensives Aroma und lässt sich sowohl frisch als auch getrocknet verwenden. Sehr schmackhaft ist Thymian in Kombination mit Schweinefleisch. Zitronenthymian passt hervorragend zu Lamm, Kümmelthymian zu Rindfleisch.

Worcester(shire)soße / Die würzige englische Soße aus Sardellen, Essig, Tamarinde, Melasse und vielem mehr ist nicht jedermanns Sache. In geringen Dosen verleiht sie dem Fleischpatty allerdings eine besondere (nicht fischige) Note. Der Name Worcester wird übrigens oft falsch ausgesprochen, es heißt schlicht und einfach [ˈwʊstə-].

Zwiebeln / Zwiebeln in der Fleischmasse machen das Patty luftiger und verleihen ihm außerdem eine milde Würze. Wer es dezenter und ein bisschen süßlich mag, kann die gewürfelten Zwiebeln auch kurz anbraten, abkühlen lassen, und dann zur Fleischmasse geben. Gleiches gilt für Zwiebelringe im fertigen Burger.

Kreuzkümmel / Kreuzkümmel oder Cumin wird aus den Früchten einer asiatischen Pflanze gewonnen und besitzt ein charakteristisches, bitter-scharfes Aroma. Für Patties sollte gemahlener Kreuzkümmel verwendet und sehr sparsam dosiert werden. Köstlich in Kombination mit Koriandersamen.

★ Burger-Käse ★

Was wäre ein Burger ohne Käse, der sich zart schmelzend an das frisch gebratene Fleisch schmiegt? Es gibt zahlreiche geeignete Varianten, die zum individuellen Geschmackserlebnis deiner Burger beitragen. Nur bitte keinen industriellen Schmelz"käse" verwenden!!

Gorgonzola / Die milde Variante des Blauschimmelkäses aus der Lombardei, der Gorgonzola dolce, schmilzt aufgrund seines hohen Fettgehaltes wunderbar auf dem Burger. Intensiver schmeckt Gorgonzola piccante. Diesen am besten mit etwas Mascarpone oder Milch zu einer Creme verarbeiten, sodass er sich gut auf dem Fleisch verteilen lässt. Schmackhafte Alternativen sind Roquefort, Stilton, Bleu d'Auvergne und Österkron.

Mozzarella / So gut Büffelmozzarella auch schmeckt – für Burger ist dieser Pasta-Filata-Käse weniger geeignet, da er viel Wasser lässt. Daher besser zu einem guten Mozzarella aus Kuhmilch (fior di latte) greifen und diesen nur ganz kurz auf dem Fleisch schmelzen lassen, da er sonst zäh wird.

Gouda / Das holländische Allroundtalent für jeden Burger. Junge Exemplare sind mild und schmelzen optimal. Der aromatische Maigouda wird im Frühjahr aus der ersten Weidemilch erzeugt; seine typisch gelbe Farbe entsteht durch den höheren Carotingehalt frischer Gräser. Je älter Gouda ist, desto intensiver und süßer schmeckt er. Reifer Gouda ist besonders für Straußen- und Pferdefleisch geeignet. Wer die Abwechslung liebt, probiert auch Ziegengouda aus. Am besten schmeckt natürlich der kleinbäuerlich hergestellte Gouda aus Rohmilch, Goudse Boerenkaas.

Taleggio / Aufgrund seiner rechteckigen Form lässt sich der Taleggio leicht in burgertaugliche Stücke schneiden. Dieser norditalienische Weichkäse aus Kuhmilch hat eine rote Rinde mit grünlichen Schimmelflecken und eine geschmeidige Konsistenz. Der Käse schmilzt rasch und schmeckt fruchtig-würzig mit zarten Nussaromen.

Ziegenfrischkäse / Ziegenfrischkäse kann bröckelig bis cremig beschaffen sein. Der frische, leicht säuerliche Käse sollte erst kurz vor dem Anrichten auf dem gebratenen Fleisch verteilt werden und passt besonders gut zu getrockneten Tomaten, Oliven und Rucola. Raffiniert und zart schmeckt junger Sainte-Maure mit seiner charakteristischen Ascheschicht auf der Oberfläche.

Cheddar / Der aus dem kleinen englischen Städtchen Cheddar stammende Käse hat sich mittlerweile zur international meist verbreiteten Käsesorte entwickelt – auch wenn der orange gefärbte Industriekäse heute nur wenig mit dem ursprünglichen Produkt gemein hat. Einige kleine Käsereien besinnen sich noch auf die bis ins 12. Jahrhundert reichende Cheddar-Tradition und vermarkten ihren Käse als „Farmhouse Cheddar". Bei anderen Cheddars muss man sich fragen, ob ein solches Industrieprodukt wirklich der perfekte Käse für einen Burger ist, wie einige Burgerfans behaupten…

Parmesan / Parmeggiano Reggiano ist zu hart, um auf dem Patty zu schmelzen. Den Parmesan daher fein reiben, auf Backpapier verteilen und bei 180 °C etwa zehn Minuten backen. Die Scheiben abkühlen lassen und diese köstlich-knusprige Variante erst kurz vor dem Servieren auf den Burger geben.

Gruyère / Der Schweizer Greyerzer ist ein Hartkäse, der idealerweise auf der Alm aus Kuhrohmilch hergestellt wird. Er hat intensive Nuss-Aromen, schmeckt würzig und leicht süßlich. Daher ist er eher für kräftiges Pferde- oder Straußenfleisch geeignet. Gruyère schmilzt langsam, das mit Käse belegte Patty daher im Backofen kurz überbacken.

Brie / Reifer Brie braucht nur Sekunden, um auf einem heißen Patty zu schmelzen. Besonders spannend ist der Kontrast von seidigem Teig zur intensiven, bissfesten Käserinde. Der Brie de Meaux ist die traditionsreichste aller Briesorten. Dicht mit Weißschimmel bedeckt, und einer leichten bräunlichen Färbung, schmeckt der französische Rohmilchkäse im reifen Zustand zwar kräftig, aber nicht scharf.

Feta / Der schneeweiße Salzlaken-Käse ist ursprungsgeschützt und darf ausschließlich in Griechenland aus Schafmilch und/oder Ziegenmilch hergestellt werden. Da er nicht schmilzt, wird er als Zutat für Burger am besten mit etwas Olivenöl oder Joghurt zu einer Creme verarbeitet. Feta passt besonders gut zu Lamm, Kalb, Pute oder Huhn.

☆ Burger-Gemüse ☆

Gemüse im Burger ist weit mehr als das Zugeständnis an den Gesundheitsaspekt. Auch wenn Fleisch und Käse die Hauptrollen im Burger-Ensemble spielen – erst die Gemüsevielfalt macht eine Komposition harmonisch. Dabei wird der Burger nicht nur optisch aufgewertet. Knackiger Salat, fleischige Tomaten & Co bereichern das Burgererlebnis durch Konsistenz und Geschmack.

Rucola / Der Modesalat, vor seiner Renaissance hierzulande als Rauke bekannt und wieder vergessen, ist mehr Würzmittel als Salatbeigabe. Der intensive, leicht scharfe Geschmack erinnert an Kresse und Walnüsse und passt gut zu Burgern mit mediterranem Einschlag. Auch zu Pesto verarbeitet macht er sich im Burger gut.

Radicchio / Am häufigsten lugt der Bittersalat in Gestalt von weinroten, runden Köpfen auf Markständen hervor. Diese sind kompakt, leicht handzuhaben und bereichern mit ihrer mehr oder weniger stark ausgeprägten Bitterkeit eher die deftigen Burger. Etwas milder, dafür umso hübscher anzusehen sind die grünlich-gelben Sorten mit roten Einsprengseln. Roter Radicchio schmeckt auch gegrillt oder gebraten in deinem Burger.

Avocado / Eine schöne reife Hass Avocado dient als gemüsiger Mayonnaise-Ersatz und schmeckt vor allem in Kombination mit Pute oder Huhn verboten gut. Erst kurz vor dem Servieren aus der Schale lösen und in länglichen Streifen auf den Burger platzieren. Alternativ schmeckt ein Aufstrich aus zerdrückten Avocados mit Limettensaft, Kräutersalz und frisch gemahlenem Pfeffer.

Bunte Tomatenvielfalt / Grüne Tomaten sind nicht zwangsläufig unreif, sondern reihen sich mit schwarzen, orangen und gelb-grün gestreiften Exemplaren in eine lange Liste von Tomatenraritäten ein. Die meist sehr alten Sorten sind wahre Aromabomben und schmecken am besten sonnenwarm, direkt vom Strauch. Absoluter Favorit ist das riesige Ochsenherz, eine aromatische, stark gerippte Fleischtomate.

Eisbergsalat / Auch wenn der Eisbergsalat nicht gerade den besten Ruf in Sachen Geschmack genießt: Als Zutat im Burger ist er geradezu perfekt. Knackig, mild süßlich im Geschmack und vor allem hitzebeständig! Selbst wenn ein heißes, frisch gebratenes Fleischpatty auf ihm Platz nimmt, garantiert er einen knackigen Biss. Seinen Namen hat der ursprünglich aus Amerika stammende Salat übrigens von den Eisblöcken, die ihn während des Transportes auf dem Schiff frisch hielten.

Lollo Bionda / Der Krauskopf ist relativ robust und zeichnet sich durch seinen feinen, leicht bitteren Geschmack aus. Seine gewellten Blattränder lassen einen Burger fülliger erscheinen. Unter dem Namen Lollo Rosso erhält man dunkelrote, fast violette Blätter mit grünem Strunk, die etwas nussiger schmecken als die des Bionda.

Eichblattsalat / Zweifelsfrei der Sieger in Sachen Aussehen und Geschmack unter den Salaten. Der Pflücksalat mit der charakteristischen Form von Eichenblättern bildet keine festen Köpfe aus und ist in grüner oder roter Ausführung erhältlich. Die zarten Blätter sind leider sehr empfindlich und lassen sich nicht lange lagern.

Sprossen / Die bunten Sprossen sind nicht nur in puncto Aussehen und Geschmack überzeugend – sie sind auch noch gesund! Roh verzehrt sind sie sehr vitamin- und mineralstoffreich. Je nach Sorte sind die Sprossen gelb, grün, rot oder braun, ihr Geschmacksspektrum reicht von mild süßlich bis herzhaft scharf. Besonders schmackhaft im Burger sind Rettich-Sprossen wie etwa Daikon Kresse.

Zwiebel / Ob gelb oder rot, ob gewürfelt oder in Ringe geschnitten, ob roh oder kurz sautiert – Zwiebeln kommen in fast jedem guten Burger vor. Rote Zwiebeln überzeugen optisch und zeichnen sich auch durch ihre leichte Schärfe aus. Um diese zu mildern, kann man die rohen Zwiebelringe kurz in kaltem Wasser einweichen.

Frühlingszwiebel / Rohe Frühlingszwiebel am besten von der Wurzel beginnend in Ringe schneiden und an der Stelle aufhören, an der das Grün hohl und nicht mehr knackig ist. Wunderbar schmecken die jungen Zwiebeln auch, wenn sie der Länge nach halbiert, und mit Olivenöl und grobem Meersalz weich gebraten werden. Unhandlich, aber eine wahre Geschmacksbombe!

Pilze / Ob Kräuterseitling, Pfifferling oder Champignon – gebratene Pilze bereichern jeden Burger. Große Portobello Pilze mit einem Hutdurchmesser von bis zu 15 Zentimeter können im Ganzen gegrillt oder gebraten werden und eignen sich als Fleischersatz für herzhafte vegetarische Burger. Hervorragend in Kombination mit Kräuterpesto!

Pickles / Hier gibt es keinen Kompromiss. Entweder man liebt eingelegte Gurken, Peperoni & Co. in seinem Burger oder man hasst das saure, knackige Gemüse. Für Experimentierfreudige eignen sich Balsamico-Zwiebeln und der japanische Rettich Daikon.

Rote Bete / Der erdige, leicht süßliche Geschmack gekochter Roter Bete (Rote Rüben) passt vor allem zu Rindfleisch. Gewürfelt und mit einigen Gewürzen versehen, entsteht ein wunderbares Relish. Knackige Alternative: Man schält die noch rohen Rüben, hobelt sie in dünne Scheiben und frittiert sie zu knusprigen Chips.

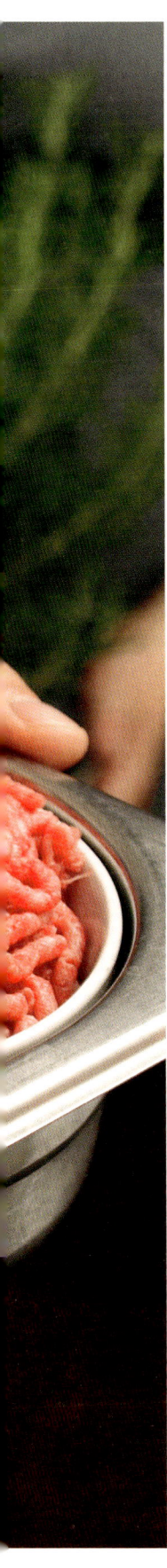

BURGER-BASICS

Brot, Fleisch und ein paar Soßen – mehr braucht es (fast) nicht zum Burgerglück. Burger-Basics dienen als Grundzutaten für viele Burger in diesem Buch – es sind Rezepte, die du nach Belieben verfeinern kannst.

★30★30★30

FLEISCH-PATTIES

Es gibt unzählige Möglichkeiten Burger-Patties zu würzen. Betrachte das folgende Rezept als Einstiegshilfe für deine eigenen Experimente!

Für 4 Rindfleisch-Patties

550 g Rinderhackfleisch
1 Eigelb
1 sehr kleine Zwiebel
1 TL Senf
2 EL Paniermehl (Semmelbrösel)
1 TL Rosmarin, fein gehackt
½ TL Salz
1 Prise Pfeffer

Die Zwiebel schälen, sehr fein hacken und mit Eigelb und Senf per Hand unter das Fleisch heben. Paniermehl, Salz, Pfeffer und Rosmarin dazugeben und gut durchkneten (nicht zu lange: das Fleisch gerät beim Braten sonst kompakt und trocken).

Die Fleischmasse in vier Bällchen teilen. Diese flach zu Scheiben von etwa 11 cm Durchmesser und 2 cm Höhe formen. Mit dem Rücken eines Esslöffels oder einer kleinen Schüssel eine Vertiefung in die Mitte der Patties drücken – dadurch bleiben sie beim Braten flach.

Die Patties beidseitig mit Back- oder Butterpapier abdecken. Mindestens eine halbe Stunde kalt stellen, damit das Fleisch beim Braten besser zusammenhält.

TIPP

Jede Fleischsorte verlangt nach einer eigenen Würzung. Hier sind ein paar Beispiele, die vom Basisrezept abweichen:

Pferd: *Zwiebel und Kräuter weglassen, weniger Senf verwenden.*

Strauß: *Kräuter und Zwiebel passen weniger gut, scharfer Dijon-Senf allerdings umso besser!*

Lamm: *Unbedingt viel frischen, klein gehackten Rosmarin in die Masse geben. Bei hohem Fettgehalt mehr Paniermehl zufügen.*

Schwein: *Mehr Salz und Senf, statt Rosmarin Thymian verwenden. Sparsam dosieren, da Thymian intensiv würzt.*

Wildschwein: *Gleiche Würzung wie bei Schweinefleisch, aber ruhig etwas mehr Thymian.*

Kalb: *Keine Kräuter, weniger Zwiebel, dafür etwas mehr Salz verwenden. Eventuell benötigt man mehr Paniermehl um die Masse zu binden.*

BURGER-BRÖTCHEN

Das Rezept der Demeter-Bäckerei Franz Kaschik aus Wien kombiniert Geschmack mit hochwertigen Zutaten wie Vollkornmehl und Rosinenmus. Weißzucker sucht man in diesen Brötchen vergebens!

Für 12 Brote

690 g feines Weizenvollkornmehl
11 g Salz
24 g Biohefe
21 g Butter oder Margarine
17 g Rosinen
260 ml Wasser
4 EL weißer Sesam

Für das Rosinenmus die Rosinen mit heißem Wasser im Verhältnis 1:1 vermengen, einen Tag lang einweichen lassen und danach mit dem Pürierstab zerkleinern.
Für den Teig Salz, Hefe und das Rosinenmus in 260 ml lauwarmem Wasser auflösen. Das Vollkornmehl und die Margarine dazugeben und gut kneten. Den Teig rasten lassen, dann nochmals ordentlich durchkneten, in zwölf Kugeln teilen und abermals rasten lassen. Teiglinge sehr flach drücken, mit Wasser besprühen und mit Sesam bestreuen. Mit einem Küchentuch abgedeckt so lange aufgehen lassen, bis sie etwa um die Hälfte höher geworden sind. Im Ofen ohne Umluft bei 210 °C 15 bis 20 Minuten backen.
Die Teigruhezeiten hängen von der Umgebungstemperatur und der Teigfestigkeit ab und können zwischen 15 und 45 Minuten variieren.

BASICS

TIPP

*Am besten Brote auf Vorrat backen
und gleich nach dem Auskühlen einfrieren.
Die Brote sind so, ohne Qualitätsverlust,
mindestens einen Monat haltbar.*

KETCHUP

Die Mühe lohnt sich, denn bei selbst gemachtem Ketchup schmeckt man erst, dass Tomaten drin sind.

BASICS

Für 1 Liter

2 Dosen passierte Tomaten
(à 420 g)
1 große Zwiebel
1 Knoblauchzehe
1 EL Tomatenmark,
doppelt konzentriert
1 Lorbeerblatt
1 rote Chilischote,
frisch oder getrocknet
4 EL Zucker
2 EL Apfelessig
4 EL Olivenöl extra vergine
1 EL Salz
1 gestrichener TL Zimt
2 TL Currypulver
Majoran, Thymian, Rosmarin
schwarzer Pfeffer, frisch gemahlen

Zwiebel und Knoblauch schälen und fein hacken. Chilischote entkernen und klein schneiden. Olivenöl in einem weiten Topf erhitzen und die Zwiebelwürfel auf mittlerer Hitze langsam glasig dünsten. Knoblauch, Chili und Lorbeerblatt dazugeben, Zucker hinzufügen und etwa eine Minute lang karamellisieren lassen. Tomatenmark kurz mitrösten, mit Apfelessig ablöschen und die passierten Tomaten, sowie je eine kleine Prise Majoran, Thymian und Rosmarin dazugeben. Vom Herd nehmen und mit einem Pürierstab sämig mixen. Mit Salz, Zimt und Curry würzen. 4 EL Wasser beimengen und bei mittlerer Hitze unter ständigem Rühren aufkochen lassen. Mit Pfeffer abschmecken und in heiß ausgespülte Einmachgläser füllen. Deckel fest verschließen, Gläser auf den Kopf stellen und abkühlen lassen. Das Ketchup ist im Kühlschrank etwa drei Wochen haltbar.

TIPP

Auch Nelken, Kreuzkümmel, Koriandersamen, Kardamom, Oregano und Basilikum schmecken im Ketchup hervorragend.

MAYONNAISE

Geht schnell, macht Eindruck und schmeckt unvergleichlich gut.

BASICS

Für 8 Portionen

2 Eigelb, möglichst frisch
und aus Freilandhaltung
1 TL Dijon-Senf
Saft einer halben Zitrone
1 TL Salz
ca. 300 ml Sonnenblumen-
oder Rapsöl
100 ml Olivenöl extra vergine
Pfeffer, frisch gemahlen

Bevor die Mayonnaise geschlagen werden kann, müssen
alle Zutaten, vor allem das Eigelb, Zimmertemperatur
haben. Sonst bindet die Mayonnaise nicht.
In einer Schüssel Senf, Zitronensaft und Salz vermischen
und mit etwas frisch gemahlenem Pfeffer würzen. Das
Eigelb mit einem Handrührgerät unterschlagen.
Das Sonnenblumenöl zunächst tröpfchenweise, dann in
einem dünnen Strahl unterrühren. Sobald die Mayonnaise
merkbar andickt, das Olivenöl relativ zügig einarbeiten.
Nicht zu lange schlagen, da das Olivenöl sonst bitter wird.
Die Mayonnaise unbedingt kühlen und noch am gleichen
Tag verbrauchen!

TIPP

*Du kannst die Mayonnaise mit frisch ge-
hackten Kräutern, sonnengetrockneten
Tomaten oder Zitronenzesten verfeinern.*

35

RINDFLEISCH-BURGER

Rind ist die klassische Fleischsorte für Burger. Es ist saftig, lässt sich gut medium braten und mit vielen Zutaten kombinieren. Neben einem ausführlichen Rezept für einen ganz klassischen Burger findest du in diesem Kapitel schmackhafte Burgervarianten, mit denen du deine Gäste überraschen kannst.

38

TIPP

Nicht verzweifeln, falls es beim ersten Versuch etwas stressig wird. Jeder Grill, Herd und Toaster verhält sich anders – die Burgerroutine stellt sich bei häufiger Zubereitung von selbst ein.

KLASSISCHER BURGER

Die Grundversion für alle nachfolgenden Rezepte: Einfach, aber gut.

Der wichtigste Schritt bei der Zubereitung eines Burgers ist das Grillen oder Braten des Fleisches. Optimal, und da machen wir uns nichts vor, schmecken Patties vom Holzkohlengrill. Weil der Sommer aber nicht ewig währt, hier ein paar Alternativen: Die zweitbeste Möglichkeit einen Burger zu braten ist ein elektrischer Plattengrill. Auch eine gusseiserne Grillpfanne entwickelt auf einem Gasherd die nötige Hitze. Bratpfannen tun es zur Not auch, man muss allerdings mehr Öl verwenden, damit die Patties nicht anbrennen. Außerdem dauert es länger. Gerüchteweise lassen sich Fleischpatties auch im Backofen zubereiten – davon distanzieren wir uns an dieser Stelle!

Für 4 Burger

4 Rindfleisch-Patties
4 Burger-Brote
4 Scheiben Gouda Käse
8 Tomatenscheiben
4 grüne Salatblätter
1 kleine Zwiebel,
in Ringe geschnitten
8 EL Ketchup
4 TL Senf

Zweiter Knackpunkt bei der Burgerzubereitung: das Toasten des Brotes. Üblicherweise werden die Buns halbiert und nur die Schnittflächen getoastet. Durch die knusprige Kruste können die Soßen das Brot nicht so leicht aufweichen. In manchen Toastern ist einseitiges Toasten möglich. Auch ein Brötchenaufsatz eignet sich gut. Die Brote können auch mit der Schnittfläche nach oben im Backofen bei Oberhitze oder in einer Pfanne ohne Fettzugabe gebräunt werden. Wer sich nicht an einem beidseitig knusprigen Brot stört, wählt den herkömmlichen Toaster.

Timing ist alles: Die Zutaten müssen so vorbereitet werden, dass die Fertigstellung der Burger ganz schnell gehen kann. Das Brot also am besten getoastet im Backofen warm halten und währenddessen das Fleisch grillen. Um beides gleichzeitig zu schaffen, braucht man etwas Übung.

Etwa eine halbe Minute bevor das Fleisch den gewünschten Garpunkt erreicht hat, noch einmal wenden und mit der Käsescheibe belegen, damit der Käse auf dem heißen Patty schmelzen kann. Bei einem Plattengrill entfällt das Wenden. Sobald der Käse auf dem Fleisch liegt, den Grill nicht mehr zuklappen.

Auf der Brotunterseite Senf verteilen, mit Salatblatt und zwei Tomatenscheiben belegen. Das Fleisch mit dem geschmolzenen Käse darauf platzieren. Die Brotoberseite mit Ketchup bestreichen und mit den Zwiebelringen belegen. Burger zusammenklappen und sofort servieren.

39

MOZZARELLA-BURGER
MIT BASILIKUMPESTO

Die klassische Kombination alla Caprese bewährt sich auch im Burger.

RINDFLEISCH

Für 8 Burger

8 Rindfleisch-Patties
8 Burger-Brote
3 Kugeln Mozzarella à 125 g
1 Bund Basilikum
3 EL Pinienkerne
3 EL Parmesan, gerieben
1 Knoblauchzehe
Olivenöl extra vergine
Grobes Meersalz
16 Tomatenscheiben
8 grüne Salatblätter oder 100 g
Rucola
8 TL Mayonnaise
8 TL Senf

TIPP

*Schneller geht die Pestozube-reitung mit einem Pürierstab.
Da Olivenöl nicht stark geschlagen werden darf, zunächst Basilikum, Pinienkerne, Knoblauch und Salz mit etwas Sonnenblumenöl zerklei-nern. Dann Parmesan und Olivenöl mit einem Löffel unterrühren.*

Den Mozzarella in Scheiben schneiden und abtropfen lassen, damit er später beim Schmelzen auf dem Patty nicht zu viel Wasser lässt.

Pinienkerne in einer beschichteten Pfanne ohne Fett auf mittlerer Hitze gleichmäßig bräunen, ab und zu schwen-ken, dann abkühlen lassen. Basilikum waschen, trocken schleudern und Blätter von den Stängeln zupfen. Zu-sammen mit etwas grobem Meersalz und der geschälten Knoblauchzehe in einem Mörser zerstampfen, Pinienkerne dazugeben und ebenfalls zerkleinern. Mit Parmesan und Olivenöl vermengen, bis eine homogene Masse entsteht. Bei Bedarf nachsalzen. Das Pesto kann gut vorbereitet werden und in Einmachgläser abgefüllt im Kühlschrank aufbewahrt werden. Immer darauf achten, dass die Ober-fläche mit reichlich Öl bedeckt und somit luftdicht abge-schlossen ist.

Das Fleisch braten, die Brote halbieren und einseitig toasten. Etwa eine halbe Minute vor Ende der Garzeit die Patties mit dem Mozzarella belegen.

Die Brotunterseiten mit Senf und Mayo bestreichen, mit Salat und Tomaten belegen. Das Fleisch mit dem leicht geschmolzenen Mozzarella darauf platzieren, Pesto auf dem Mozzarella verteilen und mit den Brotoberseiten bedecken.

PUSZTA-BURGER
MIT BUNTEM PAPRIKALETSCHO

RINDFLEISCH

Egal ob mild oder scharf – dieser Burger wärmt Magen und Herz.

Für 6 Burger

6 Rindfleisch-Patties
6 Burger-Brote
je 1 roter, gelber und grüner Paprika
6 Tomaten
1 rote Chilischote
1 große Zwiebel
2 Zehen Knoblauch
1 EL Paprikapulver, edelsüß
Cayennepfeffer, nach Belieben
Maisstärke, nach Bedarf
6 Scheiben Schnittkäse geräuchert
(z. B. ungarischer Räucherkäse
oder Scamorza affumicata)
6 grüne Salatblätter
12 Tomatenscheiben
6 TL Senf
Olivenöl extra vergine
Salz
Pfeffer, frisch gemahlen

Tomaten kreuzweise einritzen, kurz in kochendem Wasser blanchieren und kalt abschrecken. Enthäuten, entkernen, würfeln und in einem Topf auf kleiner Hitze langsam einkochen lassen. Alternativ können geschälte Tomaten aus der Dose verwendet werden.

Paprika waschen, Gehäuse entfernen und in Würfel schneiden. Zwiebel und Knoblauch schälen und klein schneiden. Die Chilischote entkernen und in feine Ringe schneiden. Olivenöl in einer Pfanne erhitzen und die Zwiebel darin glasig anbraten. Paprikawürfel, Chiliringe und Knoblauch dazugeben, auf mittlerer Hitze anrösten. Mit Paprikapulver bestäuben und mit den eingekochten Tomaten ablöschen. Mit Salz und frisch gemahlenem Pfeffer abschmecken. Nach Belieben mit Cayennepfeffer schärfen und kurz einkochen lassen. Ist das Letscho zu flüssig, kann man es mit etwas Maisstärke eindicken. Fleisch braten, Brote halbieren und einseitig toasten. Die Unterseiten mit Senf, Salat und Tomatenscheiben garnieren. Kurz vor Ende der Garzeit das Fleisch noch einmal wenden, den Käse darauf schmelzen lassen und das noch warme Letscho auf den Patties verteilen. Burger zuklappen.

TIPP

*Ist das Letscho zu scharf geraten,
kann etwas saure Sahne im Burger
die Schärfe mildern.*

41 ★ 41 ★ 41 ★ 41

ANTIPASTI-BURGER

Der perfekte Sommerburger!

Für 6 Burger

6 Rindfleisch-Patties
6 Burger-Brote
2 große Zucchini
1 Aubergine
2 Knoblauchzehen
1 Zitrone, unbehandelt
2 Thymianzweige
3 EL Balsamicoessig
5 EL Olivenöl extra vergine
1 TL Zucker
1 TL Salz
100 g Parmesan am Stück
12 Tomatenscheiben
100 g Rucola
6 EL Ketchup
6 TL Senf
Pfeffer, frisch gemahlen

Breite Streifen von der Zitrone schälen, die bittere weiße Haut aussparen! Danach auspressen. Knoblauchzehen schälen, eine sehr fein hacken, die andere vierteln. Gehackten Knoblauch, Zucker, Salz und etwas frisch gemahlenen Pfeffer mit Balsamico und Zitronensaft zu einer Marinade verrühren.

Zucchini und Aubergine in gleichmäßige, etwa 6 Millimeter dicke Scheiben schneiden. In einem Plattengrill oder einer Pfanne kurz anbraten.

Das Olivenöl unter die Marinade rühren. Gemüse abwechselnd mit Zitronenschalen, Knoblauchstücken und Thymian in eine Form schichten, zwischendurch mit der Marinade beträufeln. Im Kühlschrank mindestens 2 Stunden durchziehen lassen.

Bevor es an die Burgerzubereitung geht, Antipasti aus dem Kühlschrank nehmen und bei Zimmertemperatur aufwärmen lassen.

Vom Parmesan mit einem Sparschäler oder Messer möglichst dünne Späne hobeln.

Fleisch anbraten, Brote halbieren und toasten. Die Unterseiten mit Senf bestreichen und mit Rucola und Tomaten belegen.

Fleisch auf den Burgern platzieren, Parmesanspäne und Antipasti darauf verteilen. Die Brotoberseiten mit wenig Ketchup bestreichen und die Burger zuklappen.

RINDFLEISCH

TIPP

Gemüseantipasti schmecken am besten in großen Mengen zubereitet. Je mehr Öl in der Marinade ist, desto länger lassen sie sich lagern.

43

TIPP

Das Chutney kannst du auch gut auf Vorrat zubereiten. Zum Haltbarmachen kochend heiß in gut ausgespülte Einmachgläser füllen und im Kühlschrank lagern.

STINKEKÄSE-BURGER
MIT ZWIEBELCHUTNEY

Der Burger für den wahren Käseliebhaber! Rotschmierkäse wird im Zuge seiner Reifung mit einer speziellen Tinktur gewaschen, die für sein typisches Aroma verantwortlich ist. Je intensiver der Käse riecht, desto g'schmackiger ist er.

Für 8 Burger

8 Rindfleisch-Patties
8 Burger-Brote
4 große Zwiebeln
1 TL Ingwer, geschält und geraspelt
2 EL Butter
1 EL Gelierzucker 2:1
1 EL Zucker
2 EL Sherryessig
1 EL Rotweinessig
1 EL Grenadine (Granatapfelsirup)
350 g Weichkäse mit Rotschmiere
(z. B. milder St. Severin, Chaume,
Pont l'Évêque oder Limburger;
herzhafter: Schlosskäse, Münster
oder Époisses)
16 Tomatenscheiben
8 grüne Salatblätter
8 EL Ketchup
8 TL Senf
Salz, Pfeffer

Für das Chutney Zwiebeln schälen und in etwa 2 Millimeter dicke Scheiben schneiden. Ringe trennen, und in einem Topf mit geschmolzener Butter etwa 10 Minuten unter ständigem Rühren anschwitzen. Ingwer, Kristallzucker, Essig und Grenadine dazugeben und köcheln lassen, bis die Zwiebeln weich sind und die Flüssigkeit verdampft ist. Gelierzucker dazugeben und weitere 7 Minuten sprudelnd kochen lassen. Mit Salz und Pfeffer abschmecken. Den Rotschmierkäse in Scheiben schneiden. Fleisch braten, etwa 1 Minute vor Ende der Garzeit wenden und mit dem Käse belegen. Sollte dieser nicht ausreichend schmelzen, kann man sich mit einem Topfdeckel oder zu einem Dach geformten Stück Alufolie behelfen. Brot halbieren und einseitig toasten. Die Unterseite mit Senf, Salat, Tomaten und dem gebratenen Fleisch anrichten. Chutney noch warm auf dem geschmolzenen Käse verteilen. Ketchup auf die Brotoberseite streichen und den Burger zuklappen.

RINDFLEISCH

45 · 45 · 45

GORGONZOLA-BURGER
MIT GEBRATENEN CHAMPIGNONS

Blauer Edelschimmelpilz in der Käsesoße, gebratene Pilze obendrauf und weinroter, bitterer Radicchio dazu. Ein Burger für alle Sinne!

Für 6 Burger

6 Rindfleisch-Patties
6 Burger-Brote
100 g Gorgonzola piccante
100 g Mascarpone
3 EL Milch
250 g Champignons
6 Blätter Radicchio
6 TL Sahnemeerrettich (Oberskren)
1 EL Butter
Salz
Pfeffer, frisch gemahlen

Gorgonzola und Milch in einer Schüssel mit dem Pürierstab glatt rühren, Mascarpone untermengen und mit Salz und Pfeffer abschmecken.

Champignons mit trockenem Küchentuch säubern, in Scheiben schneiden und bei hoher Hitze in Butter anbraten.

Fleisch anbraten, die Brote halbieren und toasten. Sahnemeerrettich auf den unteren Brothälften verteilen. Mit Radicchio belegen und die Patties darauf platzieren. Champignons auf das Fleisch geben, mit frisch gemahlenem Pfeffer und einer Prise Salz würzen. Gorgonzolacreme auf den Brotoberseiten verstreichen und die Burger zuklappen.

TIPP

Champignons sind nicht jedermanns Sache. Probier's alternativ mit grob gehackten Walnüssen. Statt Radicchio schmeckt auch Rucola.

RINDFLEISCH

FLEISCHESLUST-BURGER
MIT KNUSPRIGEM SPECK

Knusprig gebratenem Speck kann man kaum widerstehen. Und weil die Kalorien-Skala ohnehin schon gesprengt ist, darf's auch noch eine zweite Scheibe Käse sein!

Für 4 Burger

4 Rindfleisch-Patties
4 Burger-Brote
12 Scheiben Bauchspeck,
gepökelt und geräuchert
100 g Champignons
8 Scheiben Gouda Käse
8 Tomatenscheiben
4 grüne Salatblätter
1 kleine Zwiebel,
in Ringe geschnitten
8 EL Ketchup
4 TL Senf
Salz
Pfeffer, frisch gemahlen

Champignons in Scheiben schneiden. Den Speck in einer Pfanne ohne Fettzugabe bei hoher Hitze knusprig braten und auf Küchenpapier abtropfen lassen. Champignons im ausgelassenen Fett anbraten, leicht salzen und pfeffern. Fleisch anbraten, Brote halbieren und toasten. Ungefähr 1 Minute vor Ende der Garzeit die Patties noch einmal wenden und mit jeweils zwei Käsescheiben über Kreuz belegen.

Brotunterseiten mit Senf bestreichen, mit Salat und Tomaten belegen. Sobald der Käse geschmolzen ist, Fleisch, Champignons und zuletzt die knusprigen Speckstreifen auf die Burger legen. Brotoberseiten mit Ketchup sowie Zwiebelringen garnieren und die Burger zuklappen.

TIPP

Wer es gerne noch deftiger mag, kann die Hälfte des Ketchups durch BBQ-Soße (siehe Rezept BBQ-Schweindl-Burger auf Seite 66) ersetzen.

RINDFLEISCH

49*49*49

STEIRER-BURGER

**Kürbiskerne, Kernöl und Kren sind die Grundpfeiler der steirischen Küche.
Hier werden die drei K's in einem Burger vereint – steirisch „guad"!**

Für 4 Burger

4 Rindfleisch-Patties
4 Burger-Brote
200 g Frischkäse,
Doppelrahmstufe
2 EL Kürbiskerne, gehackt
2 EL hochwertiges
steirisches Kürbiskernöl
1 EL Milch
8 Tomatenscheiben
4 grüne Salatblätter oder
70 g Feldsalat
4 TL Senf
4 TL Sahnemeerrettich
(Oberskren)
Salz

Für die Kürbiskerncreme Frischkäse und Milch mit einer Gabel glatt rühren. Kürbiskerne und Kernöl dazugeben und mit einer großzügigen Prise Salz abschmecken. Die giftig grüne Farbe der Soße ist gewollt!
Fleisch braten, Brote halbieren und die Schnittflächen toasten. Die Unterseiten der Brote mit Senf und Sahnemeerrettich bestreichen, mit je einem Salatblatt und zwei Tomatenscheiben belegen. Die gebratenen Patties darauf platzieren.
Kürbiskerncreme auf den Oberseiten verteilen und den Burgern die Deckel aufsetzen.

TIPP

Ein paar Scheiben knusprig gebratener Speck stehen dem Steirer-Burger besonders gut!

RINDFLEISCH

MEXIKANISCHER BURGER

Perfekt für alle, die es gern würziger mögen – auch wenn sich dieser Burger etwas klischeehaft an Mais, Chili und saurer Sahne bedient: eine feurig-schmackhafte Kombination.

RINDFLEISCH

Für 4 Burger

4 Rindfleisch-Patties
4 Burger-Brote
4 Scheiben Gouda Käse
1 kleine Dose Mais
(180 g Abtropfgewicht)
1 rote Chilischote
4 EL Ketchup, selbst gemacht
1 Prise Cayennepfeffer
1 Prise Zimt
1 TL Zucker
Tabasco, nach Belieben
4 TL saure Sahne
8 Tomatenscheiben
4 grüne Salatblätter
1 kleine Zwiebel,
in Ringe geschnitten
4 TL Senf

Chilischote entkernen und in sehr feine Würfel schneiden. Mais unter fließendem Wasser abspülen, gut abtropfen lassen und eventuell kurz in Öl anrösten. Chili und Mais mit Ketchup verrühren, mit Zucker und Zimt würzen. Mit Cayennepfeffer und nach Belieben auch etwas Tabasco schärfen. Im Burger verliert sich die Schärfe durch die saure Sahne etwas. Essen Kinder mit, sollte man dennoch besser auf Cayennepfeffer und Tabasco verzichten und an der Chilischote sparen!

Fleisch braten, Brote halbieren und einseitig toasten. Die Unterseiten mit Senf bestreichen und mit Salat und Tomatenscheiben belegen.

Kurz vor Ende der Garzeit das Fleisch noch einmal wenden und den Käse darauf schmelzen lassen. Auf die Brotunterseiten platzieren und einen Esslöffel der Maissalsa darauf verteilen. Brotoberseiten mit saurer Sahne bestreichen und mit Zwiebelringen belegen. Burger zuklappen.

TIPP

Wer kein selbst gemachtes Ketchup hat, kann als Basis für die mexikanische Salsa eine gewürfelte Zwiebel und 6 Tomaten einkochen. Bei den Gewürzen darf es dann ruhig etwas mehr sein!

FRÜHLINGS-GEFÜHLE-BURGER

**Der Frühling ist da, wenn der erste Bärlauch sprießt:
Rasch zu Pesto verarbeiten und in diesem duften(den) Burger genießen!**

Für 8 Burger

8 Rindfleisch-Patties
8 Burger-Brote
100 g Bärlauch
4 EL Mandelstifte
4 EL Parmesan, gerieben
1 EL grobes Meersalz
400 g Frischkäse,
Doppelrahmstufe
2 EL Milch
8 grüne Salatblätter
16 Tomatenscheiben
8 TL Senf
Sonnenblumenöl
Olivenöl extra vergine
Salz

Für das Pesto den Bärlauch gründlich waschen und trocken schleudern. Mit grobem Meersalz und einem guten Schuss Sonnenblumenöl pürieren. Mandeln dazugeben und ebenfalls zerkleinern. Parmesan und Olivenöl untermengen, bis die gewünschte Konsistenz erreicht ist. Mit feinkörnigem Salz abschmecken. Pesto in ein Einmachglas füllen und die Oberfläche mit Olivenöl bedecken. So hält es im Kühlschrank etwa 2 Wochen. Frischkäse und Milch mit einer Gabel zu einer glatten Creme verarbeiten.
Fleisch braten, Brote halbieren und einseitig toasten. Die Brotunterseiten mit Senf bestreichen und mit Salat und Tomaten belegen. Das fertig gebratene Fleisch darauf platzieren, mit Pesto bedecken. Die Oberseiten mit der Frischkäsecreme bestreichen, Burger zusammenklappen.

TIPP

Achtung Bärlauchsammler: Bärlauch unbedingt vor der Blüte verarbeiten, dann riecht und schmeckt er am intensivsten! Vorsicht vor giftigen Verwechslungen mit Maiglöckchen & Co!

RINDFLEISCH

53 × 53 × 53

SPEZIAL-BURGER

Wer Kalb am liebsten als Schnitzel isst und Pferd nur im Leberkäse kennt, erfährt in diesem Kapitel eine Erweiterung seiner Sinne und seines kulinarischen Horizontes! Denn auch „exotische" Fleischsorten haben ihre Berechtigung als Zutat in einem Burger – ob als klassische Variante wie der Vitello-Tonnato-Burger oder als gewagte Version mit Straußenfleisch und Brie…

LAMM-BURGER
MIT FETA UND ZUCCHINI

**Zartes Lammfleisch, würziger Feta und frischer Rosmarin –
ein Burger, der Freude auf den nächsten Griechenlandurlaub weckt.**

Für 4 Burger

4 Lammfleisch-Patties
4 Burger-Brote
100 g Feta
2 EL Joghurt, vorzugs-
weise aus Schafmilch
1 Zweig Rosmarin
1 Zucchino
8 Tomatenscheiben
4 grüne Salatblätter
4 TL Senf
Olivenöl extra vergine
Salz
Pfeffer, frisch gemahlen

Rosmarinnadeln fein hacken. Feta würfeln, mit einer Gabel zerdrücken. Mit etwas Olivenöl, Joghurt und Rosmarin verrühren und mit Salz und Pfeffer abschmecken.
Zucchino in etwa 5 Millimeter dicke Scheiben schneiden. Kurz grillen oder etwa 1 Minute auf jeder Seite mit Olivenöl in einer Pfanne anbraten.
Fleisch braten, die Brote halbieren und einseitig toasten. Brotunterseiten mit Senf bestreichen und mit Salat, Tomaten und den Lamm-Patties belegen. Die gebratenen Zucchinischeiben darauf platzieren und mit Salz und frisch gemahlenem Pfeffer würzen. Fetacreme auf den Brotoberseiten verteilen und die Burger zuklappen.

TIPP
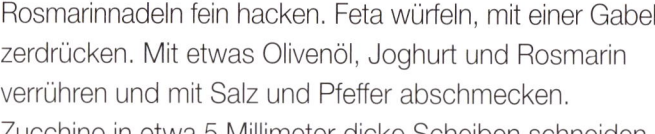

Wer den Burger noch herzhafter mag, kann die Fetacreme mit getrockneten, in Öl eingelegten Tomaten aufpeppen und statt Olivenöl das Würzöl der Tomaten verwenden.

SPEZIAL

PFERDEFLEISCH-BURGER
MIT KARAMELL-ZWIEBELN UND GRUYÈRE

Nur keine falsche Scheu: Pferdefleisch ist mager, cholesterinarm, frei von Zusatzstoffen und daher perfekt für Burger geeignet!

Für 6 Burger

6 Pferdefleisch-Patties
6 Burger-Brote
2 große Zwiebeln
3 EL Zucker
2 EL Sonnenblumenöl
6 Scheiben Gruyère
12 Tomatenscheiben
6 grüne Salatblätter
6 EL Ketchup
6 TL Dijon-Senf, scharf

TIPP
Neben Gruyère passen zahlreiche andere gereifte Hartkäse in diesen Burger – Hauptsache, sie schmecken leicht süßlich wie gereifter Gouda, Appenzeller, Vorarlberger Bergkäse oder Fontina.

Zwiebeln schälen, in etwa 2 Millimeter dicke Scheiben schneiden und die Ringe voneinander trennen. Öl in einer beschichteten Pfanne erhitzen. Zwiebeln darin kurz auf hoher Hitze anbraten und bei geringerer Hitze weich garen. Abermals die Temperatur erhöhen und die Zwiebeln hellbraun rösten. Zucker darüber streuen und karamellisieren, bis die Zwiebelringe goldbraun sind.

Backofen auf 150 °C Oberhitze vorheizen.

Fleisch in etwas Öl anbraten. Etwa 2 Minuten vor Ende der Garzeit mit den Gruyèrescheiben belegen und in der (ofenfesten) Pfanne in den Backofen stellen, bis der Käse etwas geschmolzen ist.

In der Zwischenzeit die Brote halbieren und toasten. Die Unterseiten mit Dijon-Senf bestreichen und mit Salat und Tomatenscheiben belegen. Die Patties und die Karamell-Zwiebeln darauf platzieren.

Die Oberseiten der Brote mit Ketchup bestreichen und die Burger zuklappen.

SPEZIAL

VITELLO-
TONNATO-
BURGER

VITELLO-TONNATO-BURGER

Die klassische italienische Vorspeisenkombination von Kalbfleisch und Thunfisch macht sich auch in einem Burger hervorragend. Doch, ehrlich!

Für 6 Burger

6 Kalbfleisch-Patties
6 Burger-Brote
1 Dose Thunfisch in Lake
(150 g Abtropfgewicht)
3 Sardellen
3 TL Kapern, in Essig eingelegt
4 EL Mayonnaise
1 EL Kalbsfond
24 Tomatenscheiben
6 grüne Salatblätter oder
100 g Rucola
6 TL Senf
Weißweinessig
weißer Pfeffer, frisch gemahlen

Thunfisch abtropfen lassen und mit Sardellen, Kapern (es darf ruhig etwas Kapernessig dabei sein), Kalbsfond und Mayonnaise mit dem Pürierstab zu einer Creme verarbeiten. Frisch gemahlenen Pfeffer hinzufügen und gegebenenfalls mit Weißweinessig und Salz abschmecken. Während das Fleisch brät, Brote halbieren und einseitig toasten.

Unterseiten der Brote mit Senf bestreichen und mit Salat und je vier Tomatenscheiben belegen. Das Kalbfleisch darauf platzieren, mit der Thunfischsoße bedecken und die Burger zuklappen.

TIPP

Kalbfleisch schmeckt, wie Rind, am besten wenn es innen noch rosa, also medium gegart, ist. Wer dem Fischgeschmack beim ersten Versuch nicht ganz traut, lässt die Sardellen weg und streut zusätzlich ein paar ganze Kapern auf das fertig gebratene Fleisch.

MEDITERRANER PUTEN-BURGER

MIT FETA UND GETROCKNETEN TOMATEN

SPEZIAL

Es muss nicht immer Hackfleisch sein: Schnitzel aus der Putenbrust bleiben beim Grillen wunderbar saftig und zart.

Für 4 Burger

4 Putenschnitzel à 150 g
4 Burger-Brote oder
kleine Ciabatta-Brötchen
100 g Feta
4 EL Joghurt
6 getrocknete Tomaten in Öl
1 Zweig Rosmarin
2 EL Olivenöl extra vergine
8 Tomatenscheiben
80 g Rucola
4 TL Senf
Salz
Pfeffer, frisch gemahlen

Feta und getrocknete Tomaten klein schneiden, mit Olivenöl und etwas von dem Tomatenöl in einer Schüssel zerdrücken. Rosmarinnadeln fein hacken, zusammen mit Joghurt unter den Feta rühren. Salzen und pfeffern. Putenschnitzel waschen, trocken tupfen und salzen. Auf dem Holzkohlengrill oder in einer Pfanne (mit etwas Olivenöl) anbraten. Sie sollten durch, aber nicht trocken gebraten werden. Ein Thermometer hilft!
Brote halbieren und toasten. Die Unterseiten mit Senf bestreichen und Rucola und Tomatenscheiben darauf verteilen.
Fetacreme auf die Brotoberseiten streichen, Fleisch mit frisch gemahlenem Pfeffer würzen, in die Burger geben und zuklappen.

62

STRAUSSEN-FLEISCH-BURGER
MIT BRIE UND PREISELBEERMAYONNAISE

Straußenfleisch schmeckt wie Wild. Zu Wild passt bekanntlich am besten Preiselbeerkompott. Statt zum Pfirsich greifen wir aber lieber zu herzhaftem Käse.

Für 4 Burger

4 Straußenfleisch-Patties
4 Burger-Brote
200 g Brie, nicht zu jung
3 EL Preiselbeerkompott
5 EL Mayonnaise
4 grüne Salatblätter
8 Tomatenscheiben
4 TL Dijon-Senf, scharf
Pfeffer, frisch gemahlen

Preiselbeeren mit Mayonnaise verrühren und mit frisch gemahlenem Pfeffer würzen.

Brie in etwa 3 Millimeter dicke Scheiben schneiden. Brote halbieren und einseitig toasten. Das Fleisch bei mittlerer Hitze medium-well braten. Straußenfleisch brennt sehr leicht an und wird durchgebraten schnell zäh. Eine gute Minute vor Ende der Garzeit die Patties noch einmal wenden und mit den Briescheiben belegen.

Die Brotunterseiten mit Dijon-Senf bestreichen und mit Salat und Tomaten belegen. Ist der Käse geschmolzen, die Preiselbeermayonnaise darauf verteilen und das Fleisch auf den Burgern platzieren. Zuklappen.

TIPP

Der Reifegrad von Brie lässt sich auch verpackt leicht feststellen. Gibt er auf Fingerdruck kaum nach, ist er noch sehr jung und im Geschmack relativ mild. Mit fortwährender Reife wird der Teig weicher, fast flüssig, der Geschmack immer intensiver. Eine gute Alternative zu Brie ist Camembert.

SPEZIAL

WILDE-SAU-BURGER
MIT ROTEM ZWIEBELCONFIT

Dieser Burger macht starke Männer noch viel stärker!

Für 8 Burger

8 Wildschwein-Patties
8 Burger-Brote oder
Wachauer Laibchen
6 große rote Zwiebeln
1 TL Ingwer, geschält
und geraspelt
2 Nelken
1 EL Gelierzucker 2:1
1 EL Zucker
1/16 l Rotwein
2 EL Rotweinessig
2 EL Sonnenblumenöl
oder Schweineschmalz
1 TL Zimt
1 TL Thymian, gerebelt
16 Tomatenscheiben
8 grüne Salatblätter
8 EL Mayonnaise
8 TL Senf
Salz, Pfeffer

Für das Confit Zwiebeln schälen, in etwa 2 Millimeter dicke Scheiben schneiden und die Ringe voneinander trennen. Fett im Topf erhitzen und Zwiebelringe darin leicht zusammenfallen lassen. Erst Ingwer, dann Kristallzucker dazugeben. Karamellisieren und mit Rotwein und Essig ablöschen. Mit Thymian, Zimt und Nelken würzen und so lange einkochen lassen, bis die Zwiebeln weich sind und ein Großteil der Flüssigkeit verdampft ist. Den Gelierzucker dazugeben und weitere 7 Minuten sprudelnd kochen. Mit Salz und Pfeffer abschmecken.
Die Patties in Öl oder Schweineschmalz gut durchbraten. Brote halbieren, toasten und die Unterseiten mit Senf bestreichen. Mit Salatblatt, Tomaten und dem Wildschwein belegen. Das warme Zwiebelconfit auf dem Fleisch verteilen. Die Brotoberseiten mit Mayonnaise bestreichen, Burger zuklappen.

SPEZIAL

TIPP

Auch wenn Wildschwein das ganze Jahr über tiefgefroren erhältlich ist – am besten schmeckt es frisch. Im Herbst und Winter ist das meist kein Problem, während der wärmeren Monate hilft es, Bekanntschaften mit Jägern zu pflegen.

BBQ-SCHWEINDL-BURGER

Vom Schwein nur das Beste, dazu würzige BBQ-Soße mit dezentem Raucharoma – saugut!

SPEZIAL

Für 4 Burger

4 Schweinefleisch-Patties
4 Burger-Brote
12 Scheiben Bauchspeck, gepökelt und geräuchert
4 Scheiben Gouda
1 große Zwiebel
2 EL Sonnenblumenöl
8 Tomatenscheiben
4 grüne Salatblätter
4 EL BBQ-Soße
4 TL Dijon-Senf, scharf

Zwiebel schälen und in etwa 2 Millimeter breite Ringe schneiden. In Öl bei großer Hitze anbraten, bis sie gebräunt aber noch bissfest sind.
Speck in einer Pfanne ohne Fettzugabe knusprig braten und auf Küchenpapier abtropfen lassen. Patties im ausgelassenen Fett anbraten. Eine halbe Minute vor Ende der Garzeit wenden und mit je einer Scheibe Käse belegen. Brote halbieren und einseitig toasten. Die Unterseiten mit Senf bestreichen, mit Salat und Tomaten belegen, das Fleisch darauf platzieren. Je drei Scheiben knusprigen Speck und gebratene Zwiebel darauf verteilen. Brotoberseiten mit der BBQ-Soße bestreichen und Burger zuklappen.

Für 1 Liter BBQ-Soße

1 Liter Cola, 650 ml Ketchup
100 g Tomatenmark (doppelt konzentriert), 125 g passierte Tomaten
5 EL brauner Rohrzucker
3 EL Honig, 3 EL Senf
5 EL Worcestersoße, Saft einer Zitrone, 3 EL Balsamicoessig, 2 EL Apfelessig, 3 EL flüssiger Rauch (alternativ: Rauchsalz)
2 TL Cayennepfeffer
1 TL Currypulver
Salz, Pfeffer

Cola in einem weiten Topf bei hoher Hitze auf etwa 100 Milliliter einkochen lassen. Das Wasser ist dann verdampft, der verbleibende Sirup beginnt in diesem Stadium zu karamellisieren und schäumt etwas auf.
Einen weiteren Topf erhitzen und Rohrzucker darin schmelzen und karamellisieren. Tomatenmark kurz mitrösten. Mit Essig und passierten Tomaten ablöschen. Einreduzieren, Cola-Sirup und die restlichen Zutaten dazugeben. Auf gewünschte Konsistenz einkochen. Mit Salz und Pfeffer abschmecken und noch heiß in Einmachgläser abfüllen. Deckel fest verschließen, auf den Kopf stellen und abkühlen lassen. Hält im Kühlschrank mehrere Wochen.

BLUNZEN-BURGER
MIT KRAUTSALAT UND APFELKREN

Der Beweis dafür, wie gut ein „Austro-Burger" schmecken kann!

Für 6 Burger

1,2 kg Blutwürste,
eher dick als lang
6 Burger-Brote oder
Wachauer Laibchen
2 säuerliche Äpfel
2 EL Meerrettich (Kren),
frisch gerissen
Saft einer halben Zitrone
½ Kopf Weißkohl (Weißkraut)
1 EL Kümmel, ganz
2 EL Apfelessig
2 EL Olivenöl extra vergine
Zucker
Mehl
6 EL Dijon-Senf, scharf
Salz

Weißkohl fein schneiden und mit etwas Salz bestreuen. Mit den Händen durchkneten und eine halbe Stunde ziehen lassen.

Äpfel schälen, entkernen und klein würfeln. In wenig Wasser und Zitronensaft weich kochen. Nach Bedarf mit Zucker süßen, mit einer Gabel zerdrücken. Auskühlen lassen und mit frisch gerissenem Meerrettich vermengen. Weißkohl mit Kümmel, Apfelessig und Olivenöl marinieren, eventuell nachsalzen.

Blutwürste der Länge nach aufschneiden. Schnittflächen mit Mehl bestäuben. Mit Öl in einer Pfanne etwa 2 Minuten pro Seite braten, beginnend mit den Schnittflächen. Brote halbieren und einseitig toasten. Die Unterseiten mit Senf bestreichen und Krautsalat darauf verteilen. Apfelmeerrettich auf die Brotoberseiten streichen.

Je nach Größe der Blutwürste die Hälften auf die Burger aufteilen und zusammenklappen.

TIPP

Wenn du stolzer Besitzer eines Plattengrills bist, kannst du die Blutwürste darin im Ganzen braten und erst danach längs halbieren.

VEGETARISCHE BURGER

Vegetarier dürfen sich über Falafel, Gemüselaibchen und Halloumi als würdigen Fleischersatz im Burger freuen. Aber auch für Fleischtiger ist der Blick auf die fleischlosen Burgervarianten zweifelsohne verlockend!

TIPP

Wenn's schnell gehen soll, können auch
mehrere kleine Falafel (ähnlich der Original-
form) geformt werden. Bällchen von etwa
3 Zentimeter Durchmesser rollen und leicht
flach drücken. Diese Falafel eignen sich
zum sofortigen Frittieren (etwa 5 Minuten),
der Verzehr im Burgerbrot ist allerdings
etwas schwieriger.

FALAFEL-BURGER

VEGETARISCH

Die orientalische Spezialität macht sich sowohl im Fladen, als auch im Burgerbrot gut. Herzhaft hineinbeißen, dann entfalten die Falafel ihr ganzes Duftspektrum an Gewürzen!

Für 8 Burger

Falafel:
400 g Kichererbsen, getrocknet
2 Zwiebeln
4 Knoblauchzehen
½ Bund Petersilie
100 g Paniermehl (Semmelbrösel)
4 EL Mehl
2 TL Backpulver
1 EL Koriander, gemahlen
1 EL Kreuzkümmel, gemahlen

8 Burger-Brote, alternativ Pita- oder Fladenbrot
250 g Joghurt
4 EL Tahina (Sesampaste)
8 TL Ajvar, scharf (kroatische Paprikasoße)
8 TL Mayonnaise
2 Frühlingszwiebeln
16 Tomatenscheiben
8 grüne Salatblätter
Öl zum Frittieren
Salz, Pfeffer

Kichererbsen mindestens 18 Stunden in reichlich Wasser quellen lassen, danach gut abtropfen lassen.

Zwiebeln und Knoblauch schälen und grob zerkleinern. Petersilie waschen, gut trocknen und die Blätter abzupfen. Alles zusammen mit Kichererbsen im Fleischwolf zerkleinern. Als Alternative dient eine Küchenmaschine oder ein Pürierstab.

Mit Koriander und Kreuzkümmel würzen, und mit Backpulver, Mehl und Paniermehl binden. Großzügig salzen, pfeffern und etwa eine halbe Stunde ruhen lassen.

Acht flache Laibchen formen, mit Backpapier bedecken und einfrieren, damit die Laibchen beim Frittieren nicht auseinanderfallen. Falafel können so auch gut auf Vorrat produziert werden.

Tahina-Soße: Joghurt salzen, pfeffern und mit der Sesampaste verrühren.

Frühlingszwiebeln gründlich waschen und in feine Ringe schneiden.

Öl auf 165 °C erhitzen und die tiefgekühlten Laibchen 7 Minuten schwimmend frittieren. Nicht zu viele Falafel auf einmal frittieren, da sonst das Fett zu stark abkühlt. Falafel mit Küchenpapier abtupfen und im Backofen bei 50 °C warm stellen.

Brote halbieren, toasten und die Unterseiten mit Mayonnaise und Ajvar bestreichen. Mit Salat und Tomaten sowie den Falafel belegen. Die Tahina-Soße auf den Brotoberseiten verteilen, Frühlingszwiebeln darüber streuen und Burger fertig zusammenbauen.

BUNTER TOFU-BURGER
MIT GEGRILLTEN PAPRIKA UND RUCOLAPESTO

Viele Farben in einem Burger vereint: sowohl Augen- als auch Gaumenschmaus!

Für 6 Burger

3 Pkg. Tofu à 250 g
6 Burger-Brote
100 g Rucola
4 EL Mandelstifte
4 EL Parmesan, gerieben
1 EL grobes Meersalz
2 gelbe Paprika
6 grüne Salatblätter
12 Tomatenscheiben
6 TL Senf
6 TL Mayonnaise, nach Belieben
Olivenöl extra vergine
Sonnenblumenöl
Salz

Rucola waschen und trocken schleudern. Mit Meersalz und etwa 5 EL Sonnenblumenöl mit dem Pürierstab zerkleinern, Mandeln hinzufügen und weiter mixen. Parmesan und so viel Olivenöl untermengen, bis die gewünschte Konsistenz erreicht ist. Mit Salz abschmecken.

Paprikaschoten waschen, entkernen und in große, flache Stücke zerteilen. Mit der Hautseite nach oben auf ein mit Backpapier bedecktes Backblech legen. Bei 220 °C im Backofen grillen, bis die Haut schwarz ist. Paprika ein paar Minuten mit einem befeuchteten Küchentuch abdecken, danach Haut abziehen.

Tofu in zwei Scheiben schneiden und nach Belieben braten oder grillen.

Brote halbieren und einseitig toasten. Unterseiten mit Senf bestreichen und mit Salat, Tomaten und Tofu belegen. Gegrillte Paprika darauf verteilen und mit Pesto überziehen. Nach Belieben Mayonnaise auf den Brotoberseiten verstreichen und zuklappen.

VEGETARISCH

TIPP

Wenn's schnell gehen soll, können die Paprika in Streifen geschnitten und in einer Pfanne mit wenig Olivenöl kurz angeschwitzt werden. Das Häuten der Paprika ist dann nicht notwendig.

73

TIPP

Für Gemüse-Patties kann alles verwendet werden, was Garten oder Marktstand hergeben: Erbsen können roh verarbeitet werden, Mais, Brokkoli oder Blumenkohl am besten kurz blanchieren.

GEMÜSE-BURGER
MIT RAITA

VEGETARISCH

Eine wahre Vitaminbombe: Gemüse im Patty, Gemüse in der Soße und noch mehr Gemüse als Dekoration füllen leere Speicher wieder auf!

Für 8 Burger

Gemüse-Patties:
500 g Kartoffeln, vorwiegend festkochend
150 g Kichererbsen, gekocht
250 g Möhren (Karotten)
1 kleiner Zucchino, ½ Stange Lauch,
1 große Zwiebel, 1 Knoblauchzehe,
½ Bund Petersilie
50 g Haferflocken, 75 g Hafermark
(gemahlene Haferflocken)
125 g Paniermehl (Semmelbrösel)
6 g Backpulver
5 ml dunkle Sojasoße
2 Eigelb
1 Zweig Thymian, Kräutersalz, Pfeffer
3 EL Olivenöl extra vergine

8 Burger-Brote
1 Salatgurke
250 g Joghurt
16 Tomatenscheiben
8 grüne Salatblätter
8 TL Senf
Sonnenblumenöl
1 EL Salz

Gemüse-Patties: Zwiebel schälen und würfeln. Lauch gründlich waschen und in Ringe schneiden. Beides bei geringer Hitze in Olivenöl anschwitzen. Knoblauch schälen, fein hacken und kurz mitdünsten. Petersilienblätter fein hacken. Ist die Flüssigkeit aus der Pfanne verdampft, von der Hitze nehmen und die Petersilie unterheben. Abkühlen lassen.

Kartoffel schälen, fein raspeln und gut ausdrücken. Möhren schälen und wie den Zucchino raspeln. Die Kichererbsen grob mit einer Gabel zerdrücken. Mit den restlichen Zutaten vermischen und abschmecken. Masse mindestens eine halbe Stunde ruhen lassen.

Raita: Gurke in etwa 1 cm breite Würfel schneiden. Mit Salz vermischen und etwa 20 Minuten ziehen lassen. Mit den Händen ausdrücken, mit Joghurt verrühren, salzen.

Gemüsemasse zu 8 flachen Patties formen und in genügend Sonnenblumenöl etwa 7 Minuten goldbraun braten. Mehrmals vorsichtig wenden. Auf Küchenpapier abtropfen lassen (gebratene Patties im Backofen bei etwa 50 °C warm halten).

Brote halbieren und Schnittflächen toasten. Die Unterseiten mit Senf bestreichen und mit Salat und Tomatenscheiben belegen. Gemüse-Patties darauf platzieren. Raita auf den Patties verteilen und mit Brotoberseiten bedecken.

HALLOUMI-BURGER
MIT ZAZIKI

Halloumi, der zypriotische Käse aus Ziegen-, Schaf- und Kuhmilch, behält beim Braten seine Form und ist perfekt für vegetarische Burger geeignet.

Für 4 Burger

2 Pkg. Halloumi à 250 g
4 Burger-Brote
½ Salatgurke
200 g griechischer Joghurt
1 Knoblauchzehe
2 EL Olivenöl extra vergine
1 TL Paprikapulver, edelsüß
4 grüne Salatblätter
8 Tomatenscheiben
4 TL Senf
Salz, Pfeffer

Gurke waschen und grob raspeln. Mit etwa 2 TL Salz vermischen und mindestens 20 Minuten in einem Sieb abtropfen lassen. Restliche Flüssigkeit mit den Händen aus den Gurken pressen. Knoblauch schälen, sehr fein hacken, mit Olivenöl, Paprika, Joghurt und Gurken vermengen. Mit Salz und Pfeffer abschmecken.

Jeden Halloumi in 2 Scheiben von etwa 2 cm Dicke schneiden. Halloumi kann gegrillt, in Öl gebraten oder frittiert werden. Auf dem Grill oder in der Pfanne benötigt er etwa 5 Minuten, um leicht zu bräunen. Er sollte mehrmals gewendet werden. Besonders gut schmeckt der Käse frittiert. Eine ausreichende Menge Öl in einer tiefen Pfanne auf 170 °C erhitzen und den Halloumi darin 3 Minuten frittieren. Der Käse erhält eine knusprige äußere Schicht und ist im Inneren weich. Wird der Käse gebraten oder gegrillt, quietscht er beim Verzehr zwischen den Zähnen: eine typische Eigenart des Halloumi.

Brote halbieren und einseitig toasten. Die Brotunterseiten mit Senf bestreichen und mit Salat, Tomatenscheiben und Halloumi belegen. Zaziki darauf verteilen und die Burger zuklappen.

VEGETARISCH

TIPP

Halloumi kannst du vor dem Grillen auch noch marinieren. Mit Olivenöl, frischen Kräuter, Zitronenzesten, Chilischoten – deiner Fantasie sind keine Grenzen gesetzt!

77

RÄUCHERTOFU-BURGER
MIT SESAMJOGHURT UND SPROSSEN

Tofu, der über Holz geräuchert wird, schmeckt besonders herzhaft und passt gut zu aromatischen Sprossen.

Für 6 Burger

3 Pkg. geräucherter Tofu à 250 g
6 Burger-Brote
1 Tasse Sprossen (ca. 100 g)
250 g Joghurt
2 EL Tahina (Sesampaste)
2 EL Sesam
6 grüne Salatblätter
12 Tomatenscheiben
6 TL Ajvar
6 TL Ketchup
Salz
Pfeffer, frisch gemahlen

Tahina und Joghurt mit einer Gabel verrühren, Sesam unterheben und mit Salz und frisch gemahlenem Pfeffer abschmecken.
Tofustücke halbieren und je nach Geschmack braten oder grillen.
Brote halbieren und einseitig toasten. Ketchup und Ajvar auf die Brotunterseiten verteilen und mit Salat und Tomaten belegen. Tofustücke darauf setzen und mit den Sprossen bestreuen. Sesamjoghurt auf die Brotoberseiten geben und Burger zuklappen.

TIPP

Mungobohnensprossen – in Europa übrigens fälschlicherweise als Soja-sprossen bekannt – schmecken in diesem Burger besonders gut. Bunte Alternativen sind Sprossen von Rettich, Linsen, Alfalfa und Kichererbsen.

VEGETARISCH

TOFU-CURRY-BURGER
MIT ERDNÜSSEN

Tofu verträgt Würze, darum darf die Currysoße für diesen Burger auch mit viel Cayennepfeffer aufgepeppt werden: Wer zu viel erwischt, justiert mit Joghurt nach.

Für 4 Burger

2 Pkg. Tofu à 250 g
4 Burger-Brote
125 g Joghurt
4 EL Ketchup
1 EL Zucker
1 TL Currypulver
1 TL Cayennepfeffer
4 EL Erdnüsse,
geröstet und gesalzen
8 Scheiben Tomaten
4 grüne Salatblätter
4 TL Senf
2 EL Erdnussöl

Joghurt mit Ketchup, Zucker, Currypulver und Cayennepfeffer verrühren.
Tofustücke jeweils in zwei Scheiben teilen, trocken tupfen und auf beiden Seiten in Erdnussöl braten und salzen. Brote halbieren und toasten. Die Unterseiten mit Senf bestreichen und mit Salat und Tomaten belegen. Currysoße auf den Oberseiten verteilen und mit Erdnüssen bestreuen. Gebratene Tofuscheiben in die Mitte geben und die Burger zusammenklappen.

TIPP

Tofu marinieren: 4 EL Sojasoße, 1 zerdrückte Knoblauchzehe und 1 EL geriebener Ingwer vermischen und Tofu darin mindestens 2 Stunden ziehen lassen. Vor dem Braten trocken tupfen.

VEGETARISCH

79

BURGER-BEILAGEN

Was wäre ein Burger ohne Pommes und Coleslaw? Neben den klassischen Beilagen finden sich in diesem Kapitel auch noch ein paar Besonderheiten: Schon einmal blaue oder rote Pommes gegessen?

TIPP

Besonders herzhaft werden die Pommes wenn du dem Frittieröl etwas Gänsefett beimischt. Oder versuch dich an einem Spezialgewürz: Salz mit Paprikapulver, Cayennepfeffer sowie etwas gemahlenen Koriandersamen und Kreuzkümmel vermischen und über die frittierten Pommes streuen.

POMMES FRITES

Achtung Suchtgefahr: Wer Pommes einmal selbst gemacht hat, wird sich künftig schwer tun, in's Kühlregal zu greifen!

Für 4 Portionen

1,2 kg Kartoffeln,
vorwiegend festkochend
2 Liter Öl zum Frittieren
(Erdnussöl, Rapsöl,…)
Salz
Ketchup
Mayonnaise

BEILAGEN

Pommes selbst zu machen ist nicht schwer – wenn man das richtige Equipment dafür hat. Doch auch ohne Fritteuse und Pommes-Presse lassen sich schmackhafte Ergebnisse erzielen, die vieles in den Schatten stellen, was einem zuvor an Pommes gereicht wurde. Unerlässlich ist allerdings ein genaues Thermometer!

Kartoffeln schälen und längs in Scheiben von etwa 1 Zentimeter Dicke schneiden. Scheiben in 1 Zentimeter breite Stäbchen schneiden. Mit Küchentuch trockentupfen.

Öl in einer weiten Pfanne auf 160 °C erhitzen. Zum Frittieren eignen sich Erdnussöl, Rapsöl, Tafelöl und spezielles Frittieröl. Ist eine Fritteuse vorhanden, kann auch Frittierfett verwendet werden. Kein gehärtetes Fett verwenden!

Kartoffelstäbchen portionsweise 4 Minuten lang frittieren. Nicht zu viele Pommes auf einmal in das Fett geben, sonst kühlt es zu stark ab. Mit einer Schaumkelle herausheben, auf Küchenpapier abtropfen und vollständig auskühlen lassen. Vorfrittierte Pommes können bis zu ihrem großen Auftritt gekühlt aufbewahrt werden.

Damit die Pommes knusprig werden, müssen sie ein zweites Mal bei höherer Temperatur frittiert werden. Fett auf knapp 175 °C erhitzen und Pommes noch mal 3 Minuten lang frittieren.

Kurz abtropfen lassen, salzen und mit Ketchup und Mayonnaise servieren.

PATATAS FRITAS
MIT AIOLI

Pommes in den Farben der Flagge Spaniens – Gelb und Rot.
Was könnte besser dazu passen als Aioli, die spanische Knoblauchmayonnaise?

Für 8 Portionen

1,2 kg Kartoffeln vorwiegend
festkochend
1,2 kg Kartoffeln, rotfleischig
(z. B. Rote Emma)
2 Liter Öl zum Frittieren
2 Eigelb, frisch und aus
Freilandhaltung
4 Knoblauchzehen
1 TL Senf
Saft einer halben Zitrone
ca. 300 ml Sonnenblumenöl
100 ml Olivenöl extra vergine
Salz

Die gelben Kartoffeln wie im vorherigen Rezept vorbereiten. Mit den rotfleischigen Kartoffeln genauso verfahren, nur werden sie statt 4 nur 3 Minuten vorfrittiert. Darauf achten, dass sie nicht bräunen, sonst geht der tolle Farbeffekt hinterher verloren.

1 TL Salz, Senf und Zitronensaft mit einer Gabel in einem schlanken Gefäß verrühren. Knoblauch schälen, klein schneiden und zusammen mit dem Eigelb dazugeben. Alle Zutaten sollten Zimmertemperatur haben, sonst bindet die Soße nicht. Mit einem Pürierstab das Sonnenblumenöl tröpfchenweise unterschlagen. Wenn die Aioli anfängt zu binden, Öl in einem dünnen Strahl zugeben. Olivenöl untermixen und bei Bedarf mit Salz abschmecken. Aioli noch am selben Tag verbrauchen. Es gibt übrigens zahlreiche Varianten von Aioli. Im Original besteht sie nur aus Knoblauch, Salz und Öl und wird in einem Mörser langsam zu einer sämigen Paste gerührt. Wer Knoblauch mag und etwa 20 Minuten Zeit mitbringt, sollte das unbedingt einmal probieren.

Die bunten Pommes im Verhältnis 1:1 mischen und bei knapp 175 °C 3 Minuten knusprig frittieren. Mit der Aioli anrichten: Olé!

BEILAGEN

TIPP

Auch blaue Pommes sehen toll aus und kommen bei Kindern gut an. Blaufleischige Kartoffeln werden wie die roten zubereitet, allerdings beim zweiten Mal kürzer frittiert, damit die blau-lila Farbe erhalten bleibt. Dazu passt saure Sahne.

TIPP

Chips im eigentlichen Sinn erhältst du, wenn du die Süßkartoffel ganz dünn hobelst und 2 Minuten lang bei 175 °C frittierst. Dabei mehrfach wenden!

SÜSS-KARTOFFEL-CHIPS

Sündhaft süß und fettig. Dazu selbst gemachte Mayonnaise: verboten gut!

Für 4 Portionen

2 große Süßkartoffeln à 600 g
(mit einer ebenmäßigen Oberfläche)
2 Liter Öl zum Frittieren
Mayonnaise
Salz

Süßkartoffeln mit einem Sparschäler gründlich schälen und von eventuell vorhandenen Augen befreien. Quer in etwa 3 Millimeter dicke Scheiben schneiden. Da Süßkartoffeln sehr hart sind, empfiehlt sich ein Gemüsehobel mit verstellbarer Schneidestärke.

Öl in einer Fritteuse oder Pfanne auf 175 °C erhitzen und Süßkartoffelscheiben 30 Sekunden lang frittieren. So bildet sich eine dünne Kruste und die Süßkartoffeln saugen sich im nächsten Schritt nicht zu sehr mit Fett voll.

Chips mit einer Schaumkelle aus der Pfanne heben und das Fett auf 160 °C abkühlen lassen. Chips weitere 2 Minuten lang frittieren. Herausheben und auf Küchenpapier auskühlen lassen.

Kurz vor dem Servieren werden die Süßkartoffelchips erneut für 2 Minuten bei 175 °C frittiert. Chips dabei mehrmals wenden, damit sie auf beiden Seiten gleichmäßig leicht bräunen. Ideal schmecken Süßkartoffelchips, wenn sie außen etwas knusprig, innen aber noch „fleischig" sind.

Vor dem Anrichten abtropfen lassen und leicht salzen. Mit Mayonnaise servieren.

BEILAGEN

COLESLAW

Nicht ganz so von Mayonnaise dominiert wie das amerikanische Original, aber trotzdem ein richtig guter Krautsalat!

Für 6 Portionen

1 großer Weißkohl (Weißkraut)
3 große Möhren (Karotten)
7 EL Mayonnaise
5 EL Zucker
5 EL Apfelessig
1 EL Salz
5 TL Senf
1 TL Pfeffer

Weißkohl vierteln, Strunk entfernen. Fein schneiden (am besten auf der feinsten Stufe eines Gemüsehobels). Möhren schälen und in dünne Streifen schneiden oder hobeln.

Salz, Pfeffer, Zucker, Senf und Essig gut verrühren, bis sich die kristalline Struktur von Salz und Zucker aufgelöst hat. Mayonnaise untermischen.

Marinade über Weißkohl und Karotten gießen und mit den Händen durchkneten. Vor dem Servieren mindestens 6 Stunden im Kühlschrank durchziehen lassen, danach nochmals gut mischen.

TIPP

Coleslaw schmeckt nicht nur als Beilage gut, sondern kann auch als Soßenersatz in den Burger gegeben werden. In diesem Fall darf ruhig etwas mehr Mayonnaise in das Dressing.

BEILAGEN

MAISKOLBEN
MIT KRÄUTERBUTTER

Süßen, heißen Mais direkt vom Kolben nagen, sich die Kräuterbutter stilecht vom Kinn tropfen lassen – was will man mehr?

Für 6 Portionen

6 Maiskolben
125 g Butter
2 Knoblauchzehen
½ Bund Petersilie
½ Bund Basilikum
Zitronensaft
Worcestersoße
Salz
weißer Pfeffer

BEILAGEN

Butter aus dem Kühlschrank nehmen und bei Zimmertemperatur weich werden lassen. Den Knoblauch schälen und sehr fein hacken. Kräuter waschen, gut trocken schleudern und ebenfalls hacken. Alles zusammen mit einer Gabel unter die Butter drücken. Mit einem Spritzer Zitronensaft, Worcestersoße, Salz und Pfeffer würzen. Kräuterbutter in eine kleine Schüssel geben und wieder kalt stellen.

Maiskolben etwa 20 Minuten lang in siedendem Salzwasser ziehen lassen. Am besten schmecken Maiskolben, wenn sie anschließend auf dem Holzkohlengrill zubereitet werden, alternativ kann man sie mit etwas Öl in einer Pfanne braten. Die Maiskolben sind fertig, wenn sie von allen Seiten leicht gebräunt sind.

Die heißen Maiskolben eventuell in Stücke schneiden und sofort servieren. Kräuterbutter dazu reichen.

TIPP

Kräuterbutter lässt sich gut in größeren Mengen herstellen. Unter Zuhilfenahme von Butterpapier und einem Tuch zu Rollen formen. Werden die Rollen noch zusätzlich mit Alufolie umwickelt, kann man sie auch einfrieren.

CAESAR SALAT

MIT GEGRILLTEN PUTENSTREIFEN

Die Urform dieses leicht abgewandelten Rezeptes wurde 1924 vom gebürtigen Italiener Caesar Cardini erfunden und ist mittlerweile eines der weltweit berühmtesten Salatrezepte. Zu Recht!

Für 6 Portionen

1 großer Römersalat
300 g Hühner- oder Putenbrust
2 Eier
3 Sardellenfilets
1 EL Senf
2 EL Rotweinessig
Saft einer halben Zitrone
3 Knoblauchzehen
8 EL Olivenöl extra vergine
2 TL Worcestersoße
100 g Parmesan
6 Scheiben Toastbrot
2 EL Butter
Salz
Pfeffer, frisch gemahlen

Eier eine Minute lang kochen, kalt abschrecken, dann die Eigelb vom Eiweiß trennen. Die Sardellenfilets mit einer Gabel zerdrücken. Alternativ kann Sardellenpaste verwendet werden. Den Knoblauch schälen, 2 Zehen sehr fein hacken. Senf, Essig, Worcestersoße und Zitronensaft mit 1 TL Salz verrühren und mit frisch gemahlenem Pfeffer würzen. Dann Eigelb, Knoblauch und Sardellen hinzufügen und nach und nach das Olivenöl untermengen, bis eine cremige Soße entsteht.

Toastbrot entrinden und in kleine Würfel schneiden. Butter in einer beschichteten Pfanne schmelzen lassen und eine Knoblauchzehe darin schwenken. Toastbrotwürfel zu goldgelben Croûtons rösten.

Römersalat waschen, gut trocken schleudern und in gefällige Stücke schneiden. Den Parmesan in Späne hobeln. Hühner- bzw. Putenbrust trocken tupfen und in Streifen schneiden. Mit Salz und Pfeffer würzen, dann grillen oder in etwas Öl scharf anbraten.

Römersalat mit dem Dressing vermengen und mit den Croûtons, Parmesanspänen und Putenstreifen garnieren.

Die **10** BURGER-Gebote

★ Du sollst frische, saisonale, regionale und wenn möglich biologische Zutaten für deinen Burger verwenden.

★ Du sollst den Bauern ehren, der die Zutaten für deinen Burger erzeugt hat. Hochwertige Produktion hat einen fairen Preis verdient.

★ Du sollst dich mit einem Fleischer anfreunden. Er wird dir die besten Stücke für deine Burger empfehlen und sie frisch für dich durch den Fleischwolf drehen, wenn du selbst keinen besitzt.

★ Du sollst hochwertiges Fleisch verwenden. Das ist die Quintessenz jedes guten Burgers. Dabei sind es weniger die teuersten Zuschnitte, auf die es ankommt, als wo und wie das jeweilige Tier aufgewachsen ist.

★ Du sollst Gemüse nicht als belanglose Zutat betrachten. Erst knackiger Salat, fruchtig-süße Tomaten und Konsorten vollenden deinen Burger.

★ Du sollst deinen Burger nicht warten lassen. Ein Burger schmeckt nie besser als frisch vom Grill. Und wehe du fragst jetzt, ob du ihn aufwärmen darfst!

★ Du sollst dich nicht ärgern, wenn sich dein Burger nicht mit Messer und Gabel essen lässt. Ein Burger möchte halt viel lieber in beide Hände genommen und mit herzhaften Bissen verspeist werden.

★ Du sollst deine Freunde zum Burgeressen einladen. Viele helfende Hände formen Patties, waschen und schneiden Gemüse, rühren Soßen und helfen beim Abwasch. Und beim gemeinsamen Essen schmeckt ohnehin alles besser als alleine.

★ Du sollst nicht begehren deines Nächsten Burger. So schön Teilen auch sein mag – ein Burger hat das nicht so gern. Er wird zur Strafe auseinanderfallen und Chaos auf dem Teller hinterlassen.

★ Du sollst Neues ausprobieren. Lass dich vom saisonalen Angebot inspirieren, experimentiere und erfinde neue Rezepte. Erlaubt ist, was schmeckt!

Die **7** BURGER-Todsünden

⭐ Aus pseudo-diätischen Gründen allzu mageres Fleisch verwenden. Ein Burger muss kein fetttriefendes Monster sein, aber erst ab einem gewissen Fettgehalt bleibt das Patty schön saftig.

⭐ Das Patty beim Braten drücken, damit es schneller gar wird – dadurch tritt Fleischsaft aus, das Patty wird trocken und zäh.

⭐ Das Fleisch komplett tot braten. Auch wenn man durchgebratenes Fleisch bevorzugt – es gibt durchaus einen Unterschied zwischen well-done und verkohlt!

⭐ Den Burger mit billigem Schmelz"käse" belegen. Einzeln in Plastik gewickelte Scheibletten haben mit Käsegenuss nichts zu tun.

⭐ Den Käse nicht lange genug schmelzen lassen. Soviel Zeit muss sein: Niemand möchte eine kühlschrankkalte, spröde Käsescheibe auf seinem Fleisch.

⭐ Den Burger in Fertigsoßen ertränken. Versuch zu ergründen, wie die einzelnen Zutaten ohne Geschmacksverstärker schmecken!

 ⭐ Einen guten Burger mit Fast Food verwechseln. Nimm dir Zeit: bei der Zubereitung UND beim Verzehr!

Wörterbuch

Wenn eine Österreicherin und ein Deutscher gemeinsam ein Buch schreiben, kann sich schon innerhalb des multikulturellen Autorenteams Begriffsverwirrung einschleichen. Damit dieses Buch sowohl in Österreich als auch in Deutschland verständlich ist, haben wir die „kritischen" Begriffe in den jeweiligen Landessprachen gegenübergestellt.

DEUTSCH	ÖSTERREICHISCH
Aubergine	Melanzani
Backofen	Backrohr
Blumenkohl	Karfiol
Blutwurst	Blunzen
Brotlaibchen	Brotlaberl
Eigelb	Eidotter
Feldsalat, Rapunzel	Vogerlsalat
Fleischer, Metzger	Fleischhacker, Fleischhauer
Hackfleisch	Faschiertes
Hefe	Germ
Meerrettich	Kren
Möhre	Karotte
Paniermehl	Semmelbrösel
Pfifferlinge	Eierschwammerl
Rote Bete	Rote Rübe
Sahne	Obers
Saure Sahne	Sauerrahm
Wachauer Laibchen	Graugebäck mit Roggenanteil aus Niederösterreich
Weißkohl	Weißkraut
Wolfen, durch den Fleischwolf drehen	Faschieren

Rezepte von A bis Z

★ **Wir sagen Danke!** ★ Wir möchten uns an dieser Stelle bei den burgerbegeisterten Gästen unseres Restaurants für die zahlreichen Besuche bedanken. Unser spezieller Dank gilt unseren Studienkolleginnen Julie „from the BBQ capital Kansas City" und Lisa aus San Francisco, die uns stets mit Informationen, Zeitungsausschnitten und Magazinen überhäuft haben, die das Thema „Burger" in irgendeiner Weise behandelt haben. Besonders danken wir unseren Familien, die uns vor allem bei der Renovierung unseres Lokals tage- und nächtelang tatkräftig unterstützt haben. Boris Ortner danken wir für die gesamte Zeit bei uns „burgermachern", vor allem aber für die ersten paar Wochen, die wir ohne ihn wahrscheinlich nicht überstanden hätten. Danke auch für die wertvollen Kommentare unserer tapferen Freunde bei diversen Probekochabenden – nicht jeder kann vier Burger hintereinander essen! Des Weiteren danken wir unseren Lieferanten, die uns stets mit dem besten Brot, Fleisch und Gemüse versorgt haben. Dieses Buch wäre nicht möglich gewesen ohne die tolle Zusammenarbeit mit unserer Lektorin Nina Kaltenbrunner, unserem Fotografen Miguel Dieterich und unseren „Damen vom Verlag" Milena Bendotti und Brigitte Millan-Ruiz allesamt wahre Burgerliebhaber.

IMPRESSUM

avBUCH im Cadmos Verlag
Copyright © 2011 by Cadmos Verlag, Schwarzenbek
Gestaltung Umschlag: Ravenstein + Partner, Verden
Gestaltung Kern und Satz: armanda, geisler Wien
Lektorat: Nina Kaltenbrunner, Wien

Coverfoto und Fotos im Innenteil: Miguel Dieterich, Wien

Druck: Grafisches Centrum Cuno GmbH & Co. KG, Calbe

Deutsche Nationalbibliothek – CIP-Einheitsaufnahme
Die Deutsche Nationalbibliothek verzeichnet diese Publikation
in der Deutschen Nationalbibliografie; detaillierte bibliografische
Daten sind im Internet über http://dnb.ddb.de abrufbar.

Alle Rechte vorbehalten.

Abdruck oder Speicherung in elektronischen Medien nur nach
vorheriger schriftlicher Genehmigung durch den Verlag.

Printed in Germany

ISBN: 978-3-8404-7002-8